浙江省建德市
有机食品发展蓝皮书

生态环境部南京环境科学研究所
杭州市生态环境局建德分局 著

河海大学出版社
·南京·

图书在版编目(CIP)数据

浙江省建德市有机食品发展蓝皮书 / 生态环境部南京环境科学研究所,杭州市生态环境局建德分局著. -- 南京：河海大学出版社,2023.12
　ISBN 978-7-5630-8486-9

　Ⅰ. ①浙⋯ Ⅱ. ①生⋯ ②杭⋯ Ⅲ. ①绿色食品—食品工业—发展—研究报告—建德 Ⅳ. ①F426.82

中国国家版本馆 CIP 数据核字(2023)第 197540 号

书　　名	浙江省建德市有机食品发展蓝皮书 ZHEJIANG SHENG JIANDE SHI YOUJI SHIPIN FAZHAN LANPISHU	
书　　号	ISBN 978-7-5630-8486-9	
责任编辑	卢蓓蓓	
特约校对	李　阳	
装帧设计	张育智　吴晨迪	
出版发行	河海大学出版社	
地　　址	南京市西康路 1 号(邮编:210098)	
电　　话	(025)83737852(总编室)　(025)83786934(编辑室) (025)83722833(营销部)	
经　　销	江苏省新华发行集团有限公司	
排　　版	南京布克文化发展有限公司	
印　　刷	苏州市古得堡数码印刷有限公司	
开　　本	787 毫米×1092 毫米　1/16	
印　　张	8.25	
字　　数	127 千字	
版　　次	2023 年 12 月第 1 版	
印　　次	2023 年 12 月第 1 次印刷	
定　　价	78.00 元	

《浙江省建德市有机食品发展蓝皮书》
编审委员会

主　　任：张纪兵

副 主 任：琚志华　王婷芳　吴焕新　席运官

主 编 著：黄思杰　李　妍　杨育文

副 主 编：刘明庆　韩　笑　罗旭武　洪嘉诚

编著人员：殷睿洁　田　伟　高　丽　王　超
　　　　　李巧璇　王蒙蒙　吴云成　赵家印
　　　　　刘　宇　周怀兵　鲍澳稳　饶思琦

前言
Preface

习近平总书记多次就发展有机产业作出重要指示批示,为生态环境良好地区发展有机产业等绿色优势产业,走出高质量发展之路指明方向。中央出台文件,明确发展有机农产品是全面推进乡村振兴、推进农业绿色发展的重要措施。2021年1月印发的《中共中央 国务院关于全面推进乡村振兴 加快农业农村现代化的意见》,明确要求推进农业绿色发展,发展绿色农产品、有机农产品和地理标志农产品。2023年2月,中共中央、国务院印发《质量强国建设纲要》,要求加强优质农产品基地建设,推进绿色食品、有机农产品、良好农业规范的认证管理。

党的二十大报告提出,必须牢固树立和践行绿水青山就是金山银山的理念,加快发展方式绿色转型,深入推进环境污染防治,提升生态系统多样性、稳定性、持续性,建立生态产品价值实现机制。2021年5月20日印发的《中共中央 国务院关于支持浙江高质量发展建设共同富裕示范区的意见》指出要高水平建设美丽浙江,要建立健全生态产品价值实现机制,探索完善具有浙江特点的生态系统生产总值(GEP)核算应用体系。意见赋予浙江重要示范改革任务,为全国推动共同富裕提供省域范例。

生态系统生产总值(Gross Ecosystem Product)是生态系统为人类福祉和经济社会可持续发展提供的最终产品与服务价值的总和,是评价生态产品价值的指标。生态产品包括自然生态系统为人类生存与发展提供的各类物质资源和生态环境服务。有机食品产业是一种生态化产业，是生态产品的一种物质形式，除了食品生产本身功能外，还具有更多的生态和文化服务功能。通过科学的评价体系和研究方法，建立科学的有机食品产业核算体系，将有机食品生态功能货币化，不仅可以提高人们对有机农业生态系统的认知，也有利于估算有机农业生态系统服务功能的经济价值，为相关部门制定绿色发展政策提供科学依据。

建德市资源优势突出，生态环境优良，是中国有机茶之乡、中国草莓之乡、中国优质柑橘之乡和中国西红花之乡。有机食品产业是建德市一项特色产业，自2005年建德市有机茶籽生产基地获得"国家有机食品生产基地"称号以来，每届政府都高度重视有机食品产业发展，先后获得"有机产品认证示范区""国家有机食品生产基地建设示范市"等荣誉称号。2021年，建德市首创探索创建有机食品开发与农村环境保护示范村。截至2022年12月，全市获有机认证有效证书118张，有机认证面积4 664.28公顷，有机产业生产总值超11亿元，形成了以茶叶、山茶油、铁皮石斛、香榧、水稻、果蔬等为特色的有机食品产业，生产规模逐步扩大，产业水平稳步提升。

新发展阶段下，建德市在全国首次启动市域有机食品发展蓝皮书编制工作，总结近年有机食品产业发展情况，核算有机农业生态系统生产总值，开展有机农业种植基地生物多样性调查。2021年，建德市有机农业生态系统生产总值为460 978.99万元，其中调节服务价值为428 541.17万元，占比92.96%；有机农产品价值为31 453.35万元，占比6.82%。农田生物多样性调查结果显示，有机生产基地及周边区域植被更为丰富、生境相对完好，物种丰富度及种群数量显著提升，食物链维持较好。

本书系统梳理了浙江省建德市有机食品发展历程和成效，总结农业绿色发展经验做法，探索核算有机农业生态系统生产总值方法，开展有机农田生物多样性调查，提出有机食品产业高质量发展建议，为建德市有机食品发展赋能生态环境保护，实现乡村"共同富裕"提供参考，为其他地区实现农业农村绿色可持续发展提供一条可借鉴的"建德模式"，同时也为全国有机农业助力乡村产业振兴、生态振兴注入新动能。

目录
Contents

第一章　建德市概况 ·· 001
　1　自然资源概况 ·· 003
　2　生态环境状况 ·· 008
　3　经济发展概况 ·· 010
　4　农业发展概况 ·· 011

第二章　建德市有机食品产业发展总体状况分析 ············ 015
　1　建德市有机食品发展历程和现状 ···························· 017
　2　建德市有机食品产业发展趋势 ······························· 020
　3　建德市有机食品产业结构变化 ······························· 029
　4　建德市有机食品产业发展助力乡村共同富裕 ············· 033

第三章　建德市有机农业生态系统生产总值核算 ············ 039
　1　评价思路和方法 ·· 043
　2　有机农业生态系统生态产品功能量核算 ··················· 046
　3　有机农业生态系统生产总值核算 ···························· 064
　4　有机农业生态系统生产总值评估分析 ······················ 068

第四章　建德市有机农田生物多样性调查 ……………………… 073
　　1　调查基地概况 …………………………… 076
　　2　调查方法 ………………………………… 076
　　3　调查结果 ………………………………… 080

第五章　建德市有机食品产业发展举措与成效 …………………… 091
　　1　产业发展措施 …………………………… 093
　　2　发展成效 ………………………………… 096

第六章　建德市有机食品产业高质量发展建议 …………………… 103
　　1　建立科学有效的有机产业区域化管理体系 …………… 106
　　2　辐射带动区域农业绿色发展 …………………………… 108
　　3　重视有机农业对农田生物多样性保护作用 …………… 109
　　4　率先开展有机农业碳汇计量及碳中和布局 …………… 110
　　5　持续深化有机农业生态系统生产总值核算体系 ……… 111
　　6　增强有机产业融合发展效应 …………………………… 111

建德市有机食品产业发展大事记 ……………………………………… 113

结束语 …………………………………………………………………… 118

参考文献 ………………………………………………………………… 119

第一章

建德市概況

第一章
建德市概况

建德市因三国黄武四年(公元 225 年)吴王孙权封大将孙韶为建德侯而得名,取"建功立德"之意。地处浙江西部,钱塘江中上游,新安江、兰江和富春江流经全域,地形地貌为八山一水一分田,行政区域面积 2 314.42[①] km²,下辖 16 个乡镇(街道)、256 个村(社区),户籍人口 51 万。以"建功立德"为核心要义的"德文化"在建德大地上源远流长、世代传衍、历久弥新,始终激励着人们崇学向善、务实守信、开拓进取。

2006 年,时任浙江省委书记的习近平同志在《浙江日报》上发表《与时俱进的浙江精神》的署名文章,开篇就提到"远在数万年前,浙江大地就已经出现了'建德人'的足迹"。1974 年,李家镇发现的"建德人"人牙化石把浙江历史推进到了 10 万年前的旧石器时代。作为浙江人类鼻祖的古"建德人"自强不息,坚韧不拔,掀开人类发展史"浙江篇"的序幕,成为浙江精神的最早萌发之地。建德市是一座千年古府,是中华千年文明的传承地。唐神功元年(公元 697 年),在建德梅城设睦州州治,北宋宣和三年(公元 1121 年)改睦州为严州,直至 1959 年撤销建德专署。近 1 300 年间,建德一直是州、府、路、专署所在地,是徽杭间唯一的州府。杜牧、范仲淹、陆游曾任睦州刺史和严州知州,为后人留下众多不朽之作,千年严州文明生生不息,世代相传。

1 自然资源概况

1.1 地理位置

建德市隶属浙江省杭州市,地处"两江一湖"(新安江、富春江、千岛湖)国家级风景名胜区黄金旅游线的核心地段,东与浦江县接壤,南与兰溪市和龙游县毗邻,西南与衢州市衢江区相交,西北与淳安县为邻,东北与桐庐县交界。市域地形狭长,东起乾潭镇金郎坪村,西至李家镇翁家村,长约 90 km;南起大洋镇毕家村,北至乾潭镇胥岭村木坞尖,宽约 47 km,东北距省会杭州 110 km。

---

① 因四舍五入,全书数据存在一定误差。

图1-1 建德市区位图

建德作为钱塘江中游的交通要塞,历史上是浙北通向皖南和赣北的重要水陆交通门户,在水运年代曾经拥有千余年的锦绣繁华,是浙西、皖南、赣东过往商贾的必经之地。如今,建德正在构筑中国县级城市稀缺的"公铁水航"立体交通网络,"水、陆、空"齐全,有3条高铁、2条高速、1个水运综合作业码头、1个千岛湖通用航空机场。杭黄高铁通车后,建德作为"三省四地、浙西要地"的综合交通区位优势更加凸显。建德水运十分便利,新安江、富春江、兰江是一条"黄金水道",东可出杭州湾入海,西可过千岛湖至安徽,南可经兰江到达衢州。

1.2 气候条件

建德地处亚热带中部,具有典型的季风气候特点,气候温暖湿润,四季分明,春秋短、夏冬长。多年平均气温17.2℃,最冷月(1月)均温5.3℃,最热月(7月)均温28.4℃。常年平均0℃以上总积温6314.5℃,无霜期269 d。年均降水量为1 663.1 mm,年均蒸发量1 230.2 mm,年均相对湿度78%,年均风速1.3 m/s,年均日照时数1 717.0 h。全市降水地域分布不均匀,李家镇大坑源一带是暴雨中心,童家、新安江城属多雨区,梅城、三河、麻车等兰江流域属少雨区。全市多年平均径流深769.9 mm,年径流总量为18.58亿 m^3。

建德气候适宜,空气质量优,气候生态环境好,森林覆盖率达76.36%,年吸收CO_2约107万 t,释放O_2近78万 t。17℃新安江水,造就了建德独特的小气候,年平均适宜温度日数达131 d,适宜湿度日数为188 d,适宜风速日数为342 d,适宜降水日数为111 d,远高于全国平均水平,人体舒适时间长。建德市灵栖洞景区入选"浙江省百个避暑气候胜地",建德市七里扬帆景区获评浙江省"乡村氧吧"。

根据国家气候标志气候宜居类的评价指标,建德在气候禀赋、生态环境、气候舒适度、气候景观、气候风险等方面指标的优良率超过90%。2018年,建德市获评全国首批国家气候标志,被授予全国首个"中国气候宜居城市",发布了《气候宜居城市建德宣言》和《未来地球与生态文明建德共识》。建德市充分利用气候宜居城市品牌效应,不断扩大"宜居建德"在全国的知名度,在上海举行以"宜居建德"为主题的建德市土地招商发布会,吸引了中梁、恒大、碧桂园等近90家国内地产开发商到现场,进一步擦亮"中国气候宜居城市"品牌,提升城市美誉度。

建德市气候风险较低,气象灾害损失少;气候景观丰富,旅游度假气候适宜期长;气候资源丰富,农产品气候品质高。"建德苞茶"获得全国首个茶叶类农产品"国家气候标志",联合国家气候中心、南京信息工程大学研究制定了建德市30 m×30 m精细化气候网格数据库和苞茶适宜气候区划模型,《建德苞茶种植精细化气候区划报告》通过全国气候标委会评审并发布。

1.3 水资源

建德市水资源得天独厚,新安江的水清澈见底,符合国家一级饮用水的标准,成为农夫山泉的水源基地;新安江的水,还养出了健康又美味的有机鱼。凭借得天独厚的生态自然资源,建德市全域旅游蓬勃兴起。近年来,建德以发展全域旅游为重点,深挖生态、文化旅游,推出了一批种类多样、独具韵味的旅游产品。新安江清凉而清澈,富春江七里扬帆是《富春山居图》中所描绘的实景地,建德打造的"三江两岸"绿道被称为浙江省最美生态绿道。

建德市地处钱塘江中上游,境内水系发达,河网密布。全市现有河道1 479.2 km,其中省级河道3条84.2 km,县级河道39条514.2 km,乡镇级河道164条610.8 km,其他河道270 km。在42条县级以上河道中,除新安江、兰江、富春江、寿昌江以外,流域面积在100 km² 以上的有7条(清渚溪、胥溪、后源溪、大溪、长宁溪、莲花溪、大同溪);50～100 km² 的有8条(盆柏溪、前源溪、大洋溪、大洲溪、劳村溪、小江溪、乌龙溪、童家溪);10～50 km² 的有23条(江南溪、姚村溪、洋尾溪、南山溪、三河溪、南峰溪、湖涯溪、赤溪、里叶溪、儒源溪、邓家溪、绪塘溪、马目溪、洋安溪、山河溪、江村溪、朱家溪、南浦溪、翠坑溪、山峰溪、石岭溪、石马溪、甘溪)。

全市水域面积64.66 km²,其中千岛湖水域5.33 km²,山塘水库水面约18 km²,河溪水面约41.33 km²。全市水资源总量16.97亿 m³,其中地表水13.19亿 m³,地下水3.78亿 m³。全市多年平均入境水量261.35亿 m³,出境水量274.34亿 m³,过境水量十分可观。1957年动工,1960年建成的新安江水电站,总装机容量85.5万 kW,是我国第一座自行设计、自制设备、自主建设的大型水电站。1959年周恩来总理亲临项目点视察并欣然题词——"为我国第一座自己设计和自制设备的大型水力发电站的胜利建设而欢呼!"电站建成后,改变了新安江流域的自然生态,也使得"山青、水清、风凉、雾奇"的新安江名闻遐迩。

1.4 土地资源

建德全市地域面积2 314.42 km²。2015年以来,市区园林绿地面积、公共绿地面积和人均公共绿地面积、建成区绿化覆盖率稳步上升,至2021年,建成区绿化覆盖率达45.75%,如图1-2所示。全市城区园林绿地面积486.2 hm²,公共绿地面积251 hm²,公园面积216 hm²,人均公园绿地面积17.85 m²,如表1-1所示。

表 1-1　2015—2021 年建德市绿地面积

年份	市区园林绿地面积(hm^2)	市区公共绿地面积(hm^2)	人均公共绿地面积(m^2)
2015	377.5	157	11.43
2016	377.5	172	12.75
2017	410.0	181	13.32
2018	424.0	198	13.60
2019	451.0	216	16.66
2020	476.0	241	15.96
2021	486.2	251	17.85

数据来源:《建德市国民经济和社会发展统计公报》。

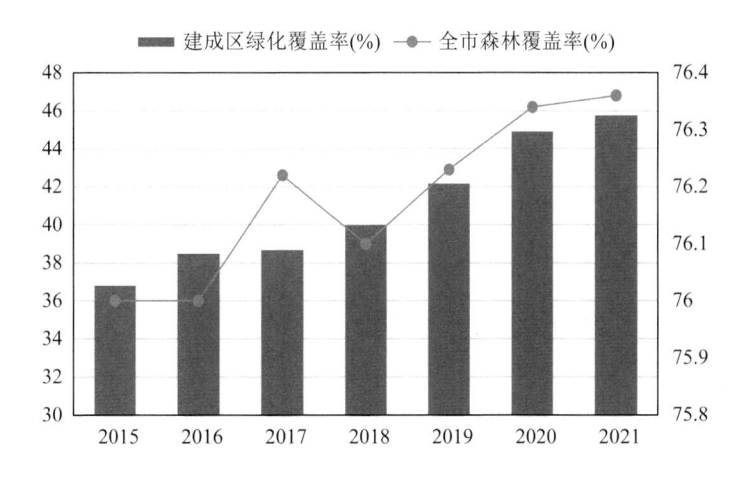

图 1-2　2015—2021 年建德市建成区绿化覆盖率和全市森林覆盖率

数据来源:《建德市国民经济和社会发展统计公报》。

1.5　动植物资源

建德市全市共有各类维管束植物 199 科 928 属 2 101 种。其中,国家一级重点保护野生植物 2 种,国家二级重点保护野生植物 21 种,浙江省重点保护野生植物 11 种。

建德市寿昌林场绿荷塘林区生态环境极佳,动植物资源十分丰富。林区内有楠木古树群 680 亩[①]，拥有得天独厚的森林景观，被誉为"迄今为止发现的亚洲地区涵盖面积最大、原生状况最完整的古楠木生长群落"，是华东地区最大的楠木林。林区森林覆盖率 95%，负离子含量均在 2 800 个/cm^3 以上，大气质量优良天数在 350 d 以上，绿荷塘水库和小溪流水质达到 I 类水，是人们游憩、度假、疗养的极佳场所。

建德市属亚热带北缘季风气候，适宜许多野生动物种群的栖息繁衍。古代建德，山深林密，兽类成群。20 世纪 50 年代，建德市千里岗、乌龙山常有金钱豹活动；70 年代前，受人为活动的干扰，森林资源锐减，兽类减少；90 年代后期，由于严格实行退耕还林等保护措施，森林植被逐年恢复，野生动物生态环境显著改善，种群数量开始恢复。迄今为止，建德市已被认识和发现的野生动物（陆生脊椎动物）共 284 种，分属 4 纲 27 目 69 科，其中国家重点保护野生动物有 39 种、浙江省重点保护动物有 38 种。另有兽类 22 种、爬行类 13 种、两栖类 3 种，为浙江省一般保护陆生野生动物。

2022 年，杭州市生态环境局建德分局启动了全市域生物多样性网格化调查工作，对全市域的植物资源和动物资源进行全面统计调查和梳理。2022 年 5 月至 2023 年 5 月期间，共开展 3 次陆生高等植物调查，2 次两栖爬行动物调查，4 次鸟类调查，2 次哺乳动物调查，2 次昆虫调查，3 次大型真菌调查，5 次水生生物调查；共调查记录建德市生物物种 3 843 种，其中陆生高等植物 2 091 种，两栖动物 26 种，爬行动物 37 种，鸟类 166 种，哺乳动物 56 种，昆虫 805 种，大型真菌 127 种，水生生物 535 种，刷新建德市县域物种记录 942 种。

2　生态环境状况

建德是美丽的山水生态城市，有着丰富、优越的生态环境条件，自古以来就有"锦峰绣岭、山水之乡、文化之邦、旅游胜地"的美誉，是国务院首批公布的 44 个国家级风景名胜区之一。新安江贯穿建德城区，常年保持 14～17 ℃

[①]　1 亩约等于 666.7 m^2。

的低温水,是消夏避暑的休闲胜地。多年来,在坚持"绿水青山就是金山银山"的治理理念下,建德市全面推进系统治理,实行最严生态环境保护制度,三江两岸的山水画卷更加秀美。除此以外,建德市治水工作走在全国前列,杜绝劣Ⅴ类水质存在,全域水质达Ⅲ类以上,创建省级"美丽河湖"10条,捧获杭州首个"大禹鼎"银鼎。增绿工程全面推进,森林覆盖率由2015年的76%提升至2021年的76.36%,绿化率达95%以上。大气污染防治成效显著,平均空气优良天数保持在346 d以上,$PM_{2.5}$常年保持在40 μg/m³以下,如表1-2、表1-3所示。荣膺全国首批绿化模范城市、全国首个气候宜居城市、新安江—富春江国家级水利风景区,成功创建省级生态文明建设示范市、全国优秀旅游城市。

表1-2 2015—2021年建德市空气质量

年份	全年空气优良天数(d)	空气优良率(%)	$PM_{2.5}$平均浓度(μg/m³)
2015	316	86.5	—
2016	338	92.3	—
2017	353	96.7	31.5
2018	346	94.8	28.4
2019	350	95.9	29.7
2020	359	98.1	24.2
2021	356	97.5	23.0

数据来源:《建德市国民经济和社会发展统计公报》。

表1-3 2021年杭州市与建德市环境保护情况

城市	工业化学需氧量排放量(t)	工业氮氧化物排放量(t)	工业颗粒物排放量(t)	空气质量优良天数比例(%)	可吸入细颗粒物($PM_{2.5}$)年平均浓度(μg/m³)
杭州市	4 715	13 956	10 768	87.9	28.0
建德市	206	4 361	5 188	97.7	23.0

数据来源:《2022年浙江统计年鉴》。

根据2019年浙江省发布的《浙江省生态文明建设目标评价考核办法》《浙江省绿色发展指标体系》《浙江省生态文明建设考核目标体系》相关要求,杭州市的综合结果位居全省第一(表1-4)。2019年,生态文明建设年度评价结果显示,建德市绿色发展指数为79.46,环境质量指数为89.73,生态保护指数为77.55(表1-5)。

表1-4 2019年设区市生态文明建设年度评价结果排序

地区	绿色发展指数	资源利用指数	环境治理指数	环境质量指数	生态保护指数	增长质量指数	绿色生活指数
杭州市	1	3	7	10	1	1	4
温州市	2	6	5	3	9	4	1
湖州市	3	5	1	8	4	6	3
丽水市	4	2	10	1	3	11	11
台州市	5	4	6	5	7	9	7
绍兴市	6	10	4	7	6	2	6
金华市	7	8	3	6	5	7	9
舟山市	8	1	11	2	10	8	8
宁波市	9	11	9	9	8	5	2
衢州市	10	9	8	4	2	10	10
嘉兴市	11	7	2	11	11	3	5

数据来源:《2019年浙江省生态文明建设年度评价结果公报》。

表1-5 2019年杭州市与建德市生态文明建设年度评价结果

地区	绿色发展指数	资源利用指数	环境治理指数	环境质量指数	生态保护指数	增长质量指数	绿色生活指数
杭州市	80.44	80.09	75.79	87.63	77.41	79.28	83.20
建德市	79.46	79.31	74.58	89.73	77.55	70.60	82.34

数据来源:《2019年浙江省生态文明建设年度评价结果公报》。

3 经济发展概况

"十三五"期间,建德市委、市政府团结带领全市人民,全面贯彻落实习近平新时代中国特色社会主义思想,秉承"绿水青山就是金山银山"的发展理念,牢牢把握"稳中求进、转中求好"的工作总基调,以高质量发展为主题,扎实做好"六稳"工作,全面落实"六保"任务,经济持续稳步复苏,民生福祉保障有力,社会事业繁荣发展,生态环境明显改善。

2021年是"十四五"开局之年,也是全面建设社会主义现代化国家新征程的起步之年。面对错综复杂的宏观形势、艰巨繁重的改革发展任务,面对新发展阶段的新要求,全市坚持稳中求进工作总基调,精准统筹经济社会发展,凝心聚力、戮力同心,全年经济持续平稳恢复,高质量发展态势逐步向好,共同富裕新征程迈出坚实步伐,实现"十四五"良好开局。2021年全市生产总值(GDP)424.52亿元,第一、二、三产业增加值分别为38.56亿元、218.81亿元和167.14亿元。按两年平均常住人口计算,人均地区生产总值为95 720元,比上年增长6.9%。

2015—2021年建德市地区生产总值年均增长达7.0%,保持了中高速增长,且第三产业增加值占比逐年上升,三次产业结构比不断优化(图1-3)。

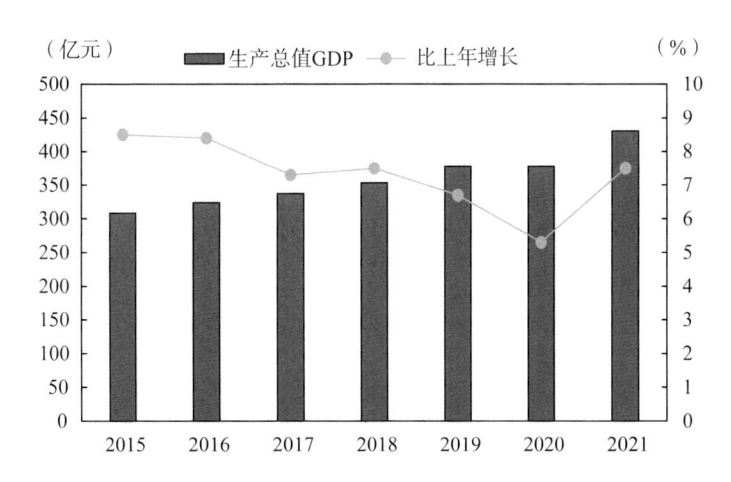

图1-3 2015—2021年建德市生产总值及增长速度

4 农业发展概况

2021年,建德市全年实现农业增加值39.41亿元,比上年增长4.5%;农林牧渔业总产值61.00亿元,比上年增长3.1%(图1-4)。其中,种植业、牧

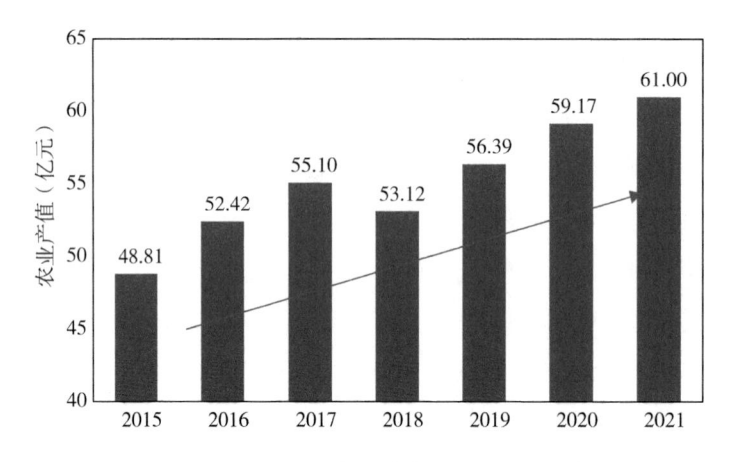

图 1-4　2015—2021 年建德市农林牧渔业总产值

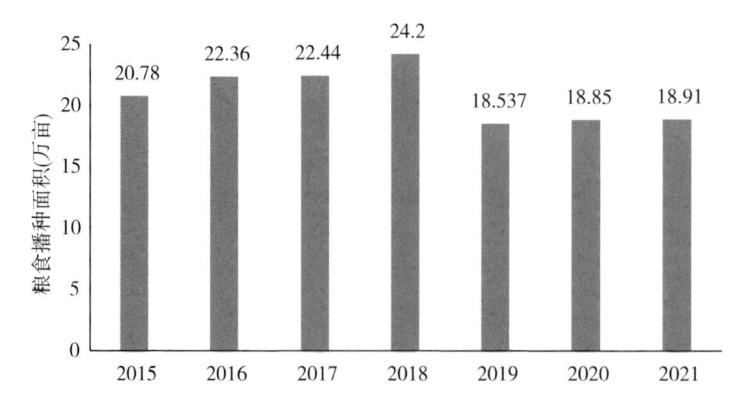

业、渔业产值分别为 39.81 亿元、13.16 亿元和 2.19 亿元,分别比上年增长 1.5%、18.4%和 4.0%;林业产值 3.45 亿元,比上年下降 4.0%。全年粮食播种面积 12 607 hm²,比上年增长 0.3%(图 1-5),粮食总产量 7.11 万 t,比上年增长 3.8%;蔬菜 9 288 hm²,比上年增长 1.2%,蔬菜产量 26.84 万 t,比上年增长 1.5%;水果产量 23.33 万 t,比上年增长 0.4%;茶叶产量 3 192 t,比上年增长 2.8%;肉类总产量 2.16 万 t,比上年增长 13.9%;水产品总产量 10 100 t,比上年增长 3.5%。年末生猪存栏 20 万头,比上年增长 30.0%;全

图 1-5　2015—2021 年建德市粮食播种面积

年生猪出栏21.13万头,比上年增长47.4%;禽类存栏455.38万羽,比上年下降10.4%。木材产量6.51万m³,比上年下降10.5%。农业现代化建设新增高标准农田2.16万亩,标准农田地力提升0.66万亩。

全市各类农民专业合作社503家,其中规范化农民专业合作社83家,农业龙头企业102家,市级"菜篮子"基地8个。打造美丽乡村精品示范线14条,美丽乡村精品村67个,历史文化村落45个,建成风情小镇7个。农家乐(民宿)达到381家,乡村旅游人数533.12万人次,实现乡村旅游收入8.14亿元,相比上年增长20.9%(图1-6)。

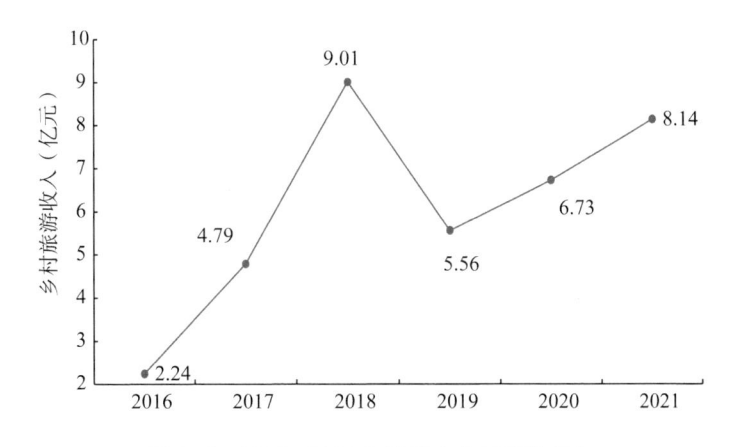

图1-6　2016—2021年建德市乡村旅游收入

第二章

建德市有机食品产业发展总体状况分析

1 建德市有机食品发展历程和现状

1.1 开局起步阶段

建德市有机食品产业起步于 2004 年。建德市委、市政府坚定不移贯彻"共抓大保护、不搞大开发"要求，充分发挥建德市自然资源优势，摸索农业产业现代化、生态化发展之路，出台《建德市有机产业发展规划》，大力发展有机茶、有机油茶、有机石斛等农产品种植基地，开启建德市有机食品产业发展新局面，全市社会经济发展和生态环境保护取得新的成效。

2005 年，建德市霞雾农业开发中心有机油茶基地获批"国家有机食品生产基地"称号，带动引领建德市有机食品向产业规模化、规范化和市场化方向发展。

1.2 战略突破阶段

建德市委、市政府积极响应党中央关于加快推进乡村振兴、落实农业高质量发展要求，于 2011 年正式提出创建"国家有机食品生产基地建设示范市"目标。从 2012 年开始，建德市积极创建国家有机产品认证示范区，制定建德市有机食品产业发展实施方案，形成以茶叶、油茶籽、竹笋、铁皮石斛等为特色的有机食品产业发展模式。2015 年 10 月建德市成为全国首批九个"国家有机产品认证示范区"之一。

2016 年，建德市在质量强市建设行动计划中大力实施有机认证的监督检查，将认证企业和认证机构纳入统筹监管，把认证证书有效性、标志使用规范性等作为监管重点。3 月，浙江千岛银珍农业开发有限公司承办的第二届中国·千岛银珍开茶节暨敬友茶会隆重举行，以茶为媒，以茶会友，以茶促旅，进一步提升了"杭州七宝"之一的千岛银珍有机茶的品牌知名度。12 月，建德市在上海举办休闲农业与乡村旅游推介会，向上海市民推介乡村旅游服务和生态有机的土特产。

2017年，建德市政府联合阿里巴巴共同打造的"阿里巴巴·建德农食馆"正式上线，为建德市生态有机优质农产品推广创造了更为广阔的平台，开启了建德市农业电商化发展的新篇章。12月，建德市列入首批"国家有机食品生产基地建设示范市（试点）"，并将示范市建设工作列入市领导2018年度六大领衔工作之一。

2018年，第十届建德新安江·中国草莓节在位于杨村桥的草莓小镇隆重开幕，"建德草莓"品牌首发仪式同步举行，"建德草莓"品牌极大地促进了建德市生态有机草莓种植业的发展。杭州市建委牵头、华立集团股份有限公司精准帮扶的柳村村有机蔬菜基地正式建立，成为建德市助推村集体经济消薄增收的重点"造血"项目。

通过政府引领、职能部门协同推进，建德市有机食品产业在有机生产技术、有机示范基地建设、有机加工技术研发和品牌宣传等方面均取得突出成效。

1.3 高质量发展阶段

建德市各届政府高度重视有机食品产业的发展，持续完善和总结产业发展成效经验，紧跟国家生态环保和农业农村工作相关政策，立足新发展阶段，结合自身特色，推进有机食品产业高质量发展。

2019年12月，建德市举办国家有机食品生产基地建设经验交流会暨现场推进会（图2-1），有效推动了建德市农业农村生态环境保护、农业面源污染防治和乡村振兴耦合发展。

2020年和2021年，建德市共有8家有机生产基地作为生态价值转化、探索有机食品生产促进农业面源污染治理、带动区域农业绿色发展的典范被遴选为符合《国家有机食品生产基地考核管理规定》的有机食品生产示范基地（表2-1）。

经过多年的发展，建德市有机产业规模逐步扩大，产业水平稳步提升。截至2021年底，全市有机产品生产、加工获证企业达91家。全市有机生产面积35 201.21亩，产量6 048.56 t，产值31 453.35万元（表2-2）。生产面积和

图 2-1　2019 年建德市举办国家有机食品生产基地建设经验交流会暨现场推进会

产量排名前三的为有机林产品、有机茶叶和有机粮食类产品；产值排名前三的为有机林产品、有机中药材和有机茶叶。

表 2-1　建德市符合《国家有机食品生产基地考核管理规定》的有机食品生产示范基地

序号	申报单位	基地地址	主要产品	认证机构	年份
1	浙江久晟油茶科技股份有限公司	杭州市建德市大同镇镇源村、清潭村	茶籽	南京国环有机产品认证中心	2020 年
2	建德市天羽茶业有限公司	杭州市建德市三都镇前源村；莲花镇林茶村	茶	杭州中农质量认证有限公司	2020 年
3	杭州九仙生物科技有限公司	杭州市建德市莲花镇齐平村石灰山、宋岸自然村	铁皮石斛	杭州格律认证有限公司	2020 年
4	杭州大库湾生态农业有限公司	杭州市建德市三都镇东方村、大唐村	香榧	上海英格尔认证有限公司	2021 年
5	杭州茶乾坤有机食品有限公司	杭州市建德市梅城镇洋程村	茶	杭州中农质量认证有限公司	2021 年
6	建德市霞雾农业开发中心	杭州市建德市大同镇上马村	油茶籽	中环联合（北京）认证中心有限公司	2021 年
7	建德市麻车杨梅专业合作社	杭州市建德市大洋镇麻车村、向阳自然村	杨梅	杭州公信认证有限公司	2021 年
8	浙江严州府食品有限公司	杭州市建德市李家镇沙墩头村	竹笋	杭州万泰认证有限公司	2021 年

表 2-2　2021 年建德市有机生产面积、产量情况

有机产品	产品子类别	面积(亩)	产量(t)	产值(万元)
林产品	山茶油、茶籽、竹笋、香榧、核桃	22 620.15	3 048.36	12 440.44
茶叶	茶青、绿茶、红茶、乌龙茶	4 570.05	872.18	4 051.83
粮食类	稻谷、甘薯、玉米	3 409.53	1 272.70	713.29
中药材	多花黄精、西红花、花叶开唇兰(金线莲)、石斛、吴茱萸	1 818.90	48.76	10 390.37
水果	桔、蓝莓、李子、火龙果、枇杷、无花果、杨梅、樱桃	1 808.81	681.59	3 195.92
水产	鳊、鳖、草鱼、鲫、鲤、鲢、鳙	527.19	108.48	492.50
蔬菜	咖啡黄葵、莲、丝瓜、西葫芦等	241.68	15.59	157.00
禽类养殖	鸡、鸡蛋	204.90	0.90	12.00
总计		35 201.21	6 048.56	31 453.35

2　建德市有机食品产业发展趋势

2.1　有机认证概况

2015—2021 年,建德市有机生产经营主体数量呈现快速增长态势(图 2-2),由 2015 年的 23 家发展到 2021 年的 91 家,增长将近 4 倍。2021 年,浙江省有机生产经营主体数量较上一年度增幅为 9.6%,而同期建德市有机生产经营主体数量较上一年度增幅达到 75%,发展速度远高于省内平均水平。

2015—2021 年,建德市有机认证面积总体变化趋势为先增加后减少(图 2-3)。2019 年的有机认证面积达到 57 185 亩,为近 7 年最高。2015—2019 年,建德市有机认证面积维持在 52 931 亩左右。2020 年有机认证面积明显下降,2020—2021 年平均为 35 780 亩,相比 2015—2019 年降低了 17 151 亩,有机认证面积下降主要源自 2016 年后铁皮石斛有机认证面积的大幅减少和 2020 年有机油茶种植面积的显著降低。

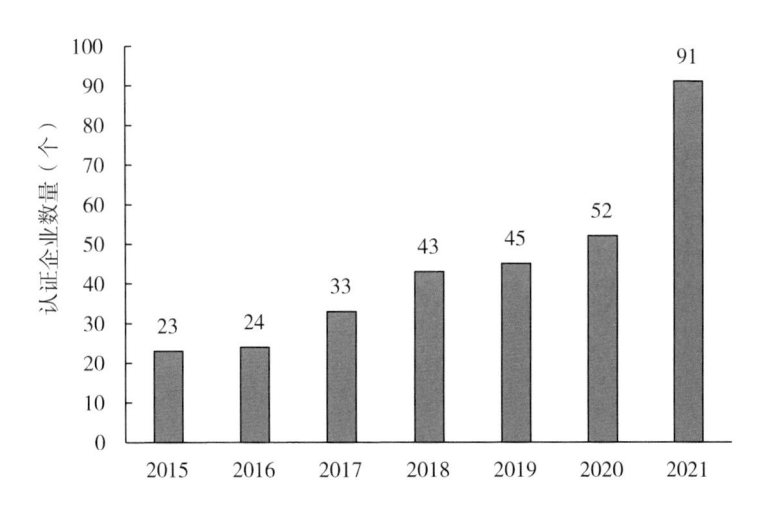

图 2-2　建德市 2015—2021 年有机生产经营主体数量

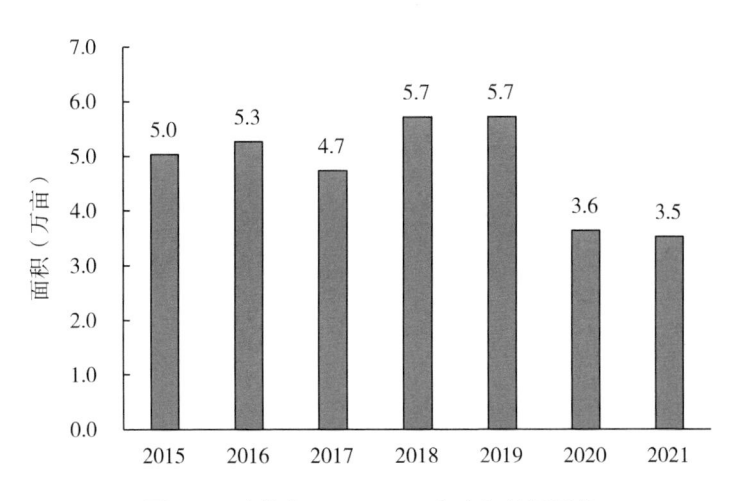

图 2-3　建德市 2015—2021 年有机认证面积

2.2　全类别发展趋势

从产品类别角度来看，2015 年发展至今，建德市有机产品类别的丰富度有了明显的提升。2015 年，有机认证的产品类别较少，全市仅有约 10 种产品；2016 年，新增养殖类产品；2017 年，产品类型明显增多，尤其是水果、中药材和粮食类作物。截至2021年,全市有机认证产品已有33种,相比2015年的林产品、茶叶、蔬菜、水果和中药材,增加了粮食类、禽类养殖、水产养殖几个类别;中药材在原先单一的石斛产业基础上增加了西红花、吴茱萸、金线莲和黄精四类;林产品在以油茶、竹笋、香榧为主的基础上增加了核桃(图2-4)。

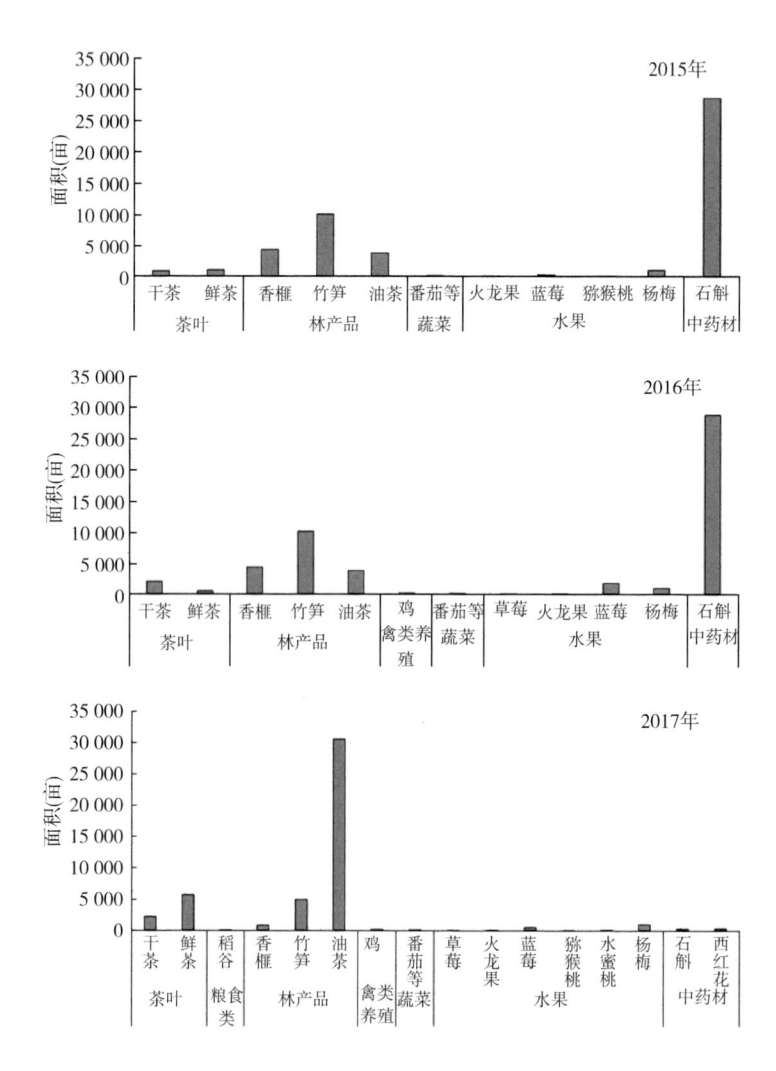

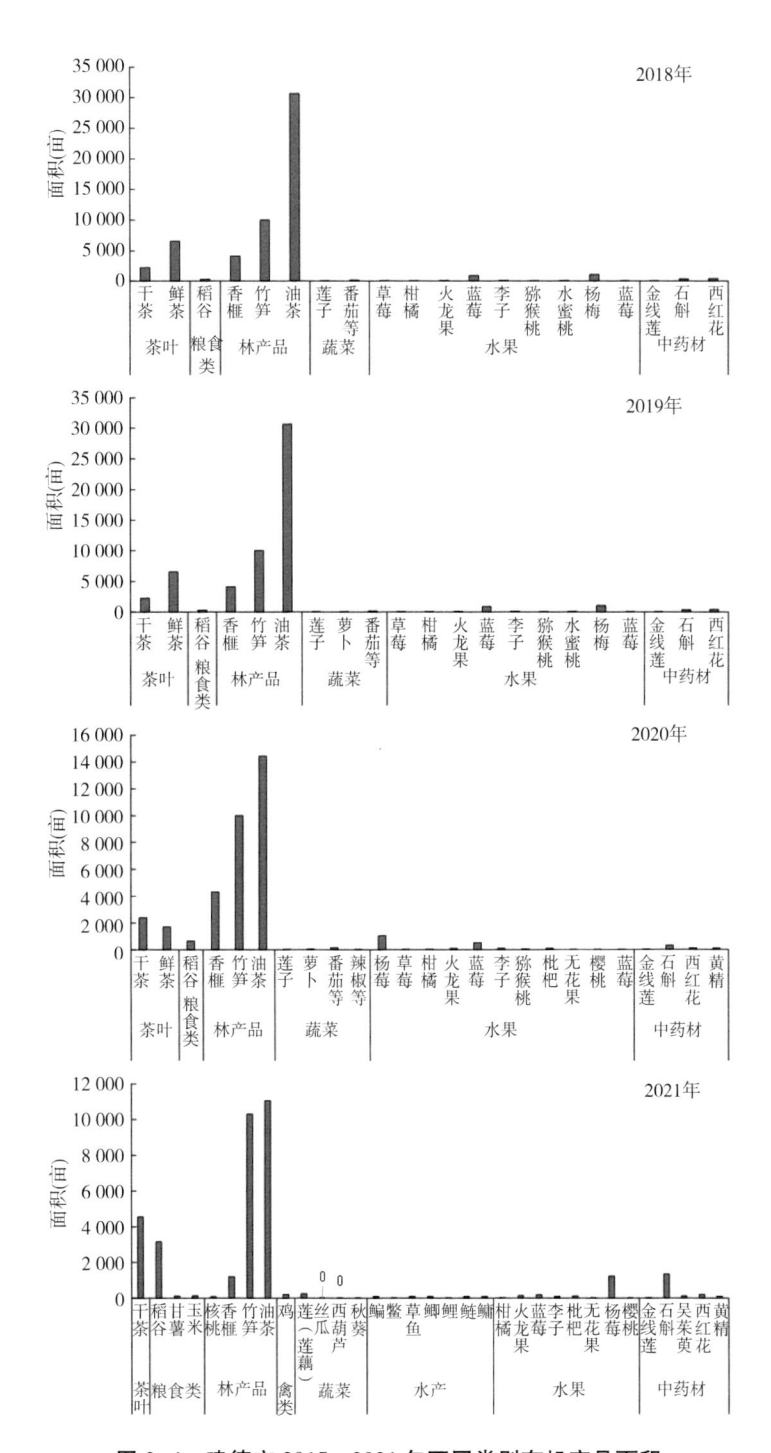

图 2-4　建德市 2015—2021 年不同类别有机产品面积

有机茶和有机林产品近年来产业规模先快速扩张后回落,目前处于稳定发展的态势。有机茶 2015—2016 年认证面积和产量维持在 2 268 亩、231 t 的水平,产值约为 1 345 万元。2017—2019 年认证面积大幅提升,相比 2016 年面积和产量分别增加了 3 倍和 2 倍。2020—2021 年有机茶种植面积为 4 332 亩,较 2017—2019 年回落一半,但产量和产值并未降低,仍保持平稳增长。有机林产品呈现相同的发展趋势。2017—2019 年有机林产品面积相比 2015—2016 年扩张了 2.3 倍,2021 年稍有回落,产值是 2015 年的 2.2 倍,如图 2-4 至图 2-6 所示。

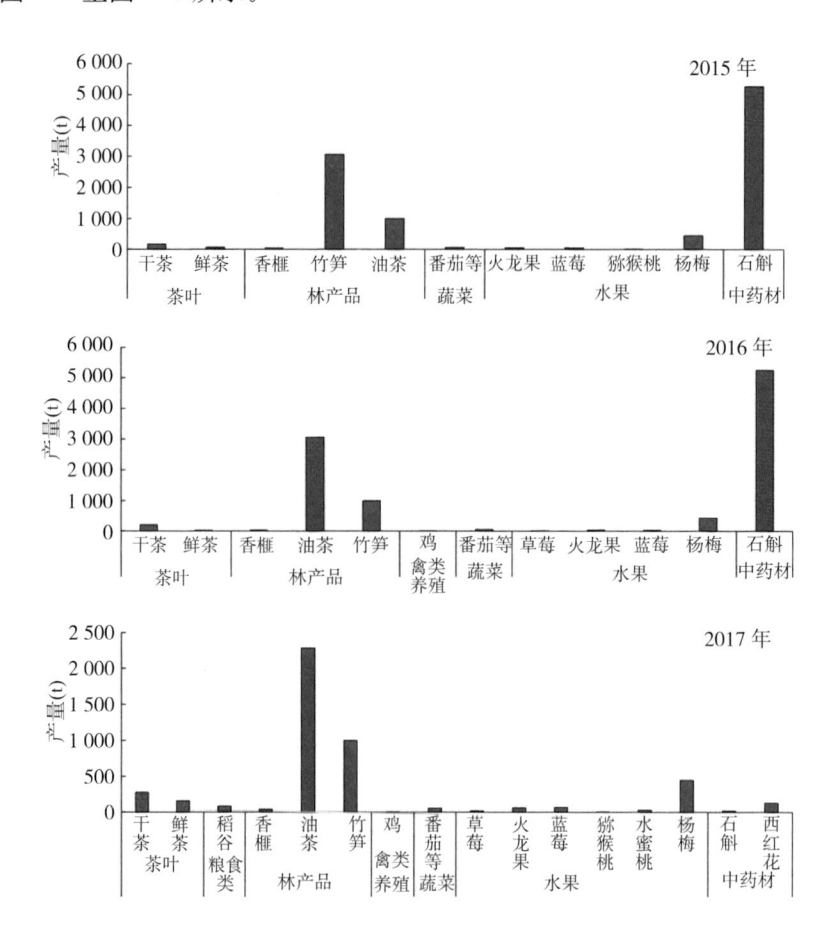

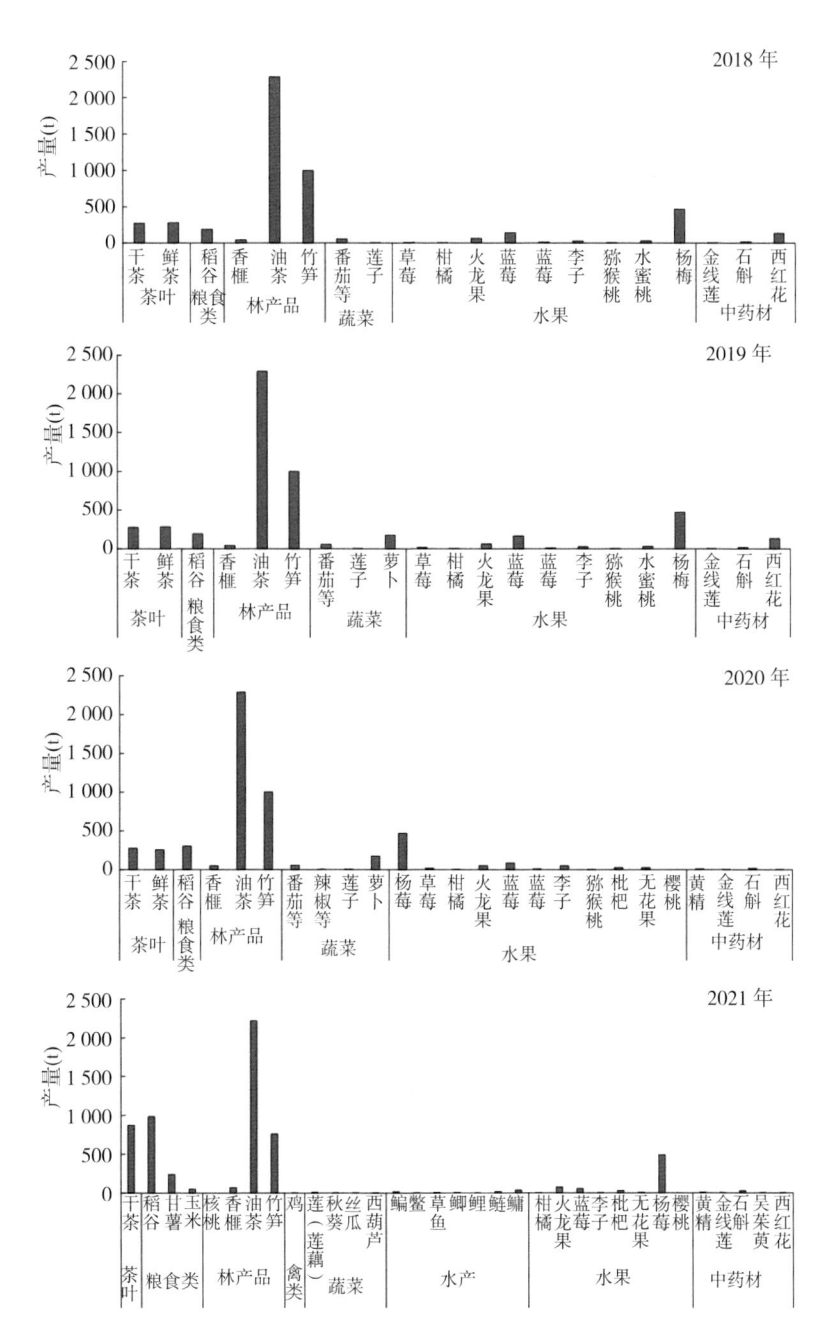

图 2-5 建德市 2015—2021 年不同类别有机产品产量

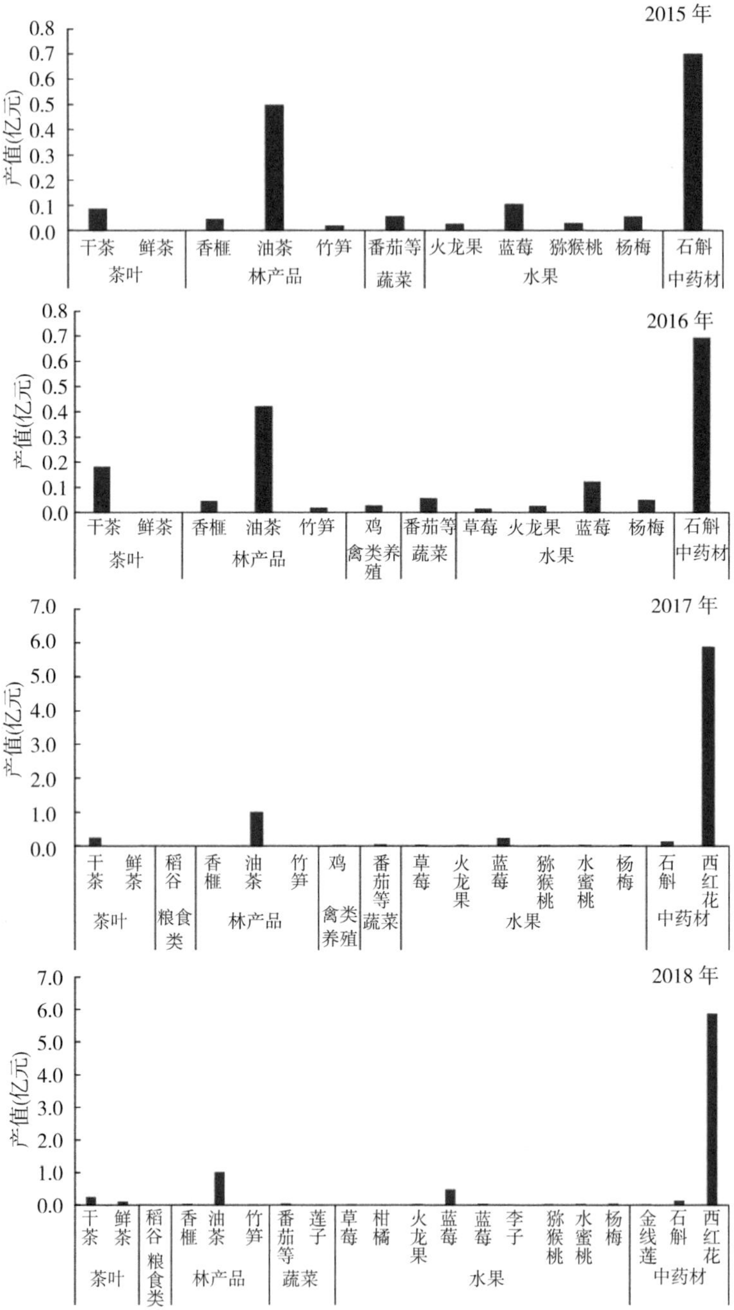
2015年
产值(亿元)
0.8
0.7
0.6
0.5
0.4
0.3
0.2
0.1
0.0
干茶 鲜茶
茶叶
香榧 油茶 竹笋
林产品
番茄等
蔬菜
火龙果 蓝莓 猕猴桃 杨梅
水果
石斛
中药材
2016年
产值(亿元)
0.8
0.7
0.6
0.5
0.4
0.3
0.2
0.1
0.0
干茶 鲜茶
茶叶
香榧 油茶 竹笋
林产品
鸡
禽类养殖
番茄等
蔬菜
草莓 火龙果 蓝莓 杨梅
水果
石斛
中药材
2017年
产值(亿元)
7.0
6.0
5.0
4.0
3.0
2.0
1.0
0.0
干茶 鲜茶
茶叶
稻谷
粮食类
香榧 油茶 竹笋
林产品
鸡
禽类养殖
番茄等
蔬菜
草莓 火龙果 蓝莓 猕猴桃 水蜜桃 杨梅
水果
石斛 西红花
中药材
2018年
产值(亿元)
7.0
6.0
5.0
4.0
3.0
2.0
1.0
0.0
干茶 鲜茶
茶叶
稻谷
粮食类
香榧 油茶 竹笋
林产品
番茄等 莲子
蔬菜
草莓 柑橘 火龙果 蓝莓 蓝莓 李子 猕猴桃 水蜜桃 杨梅
水果
金线莲 石斛 西红花
中药材

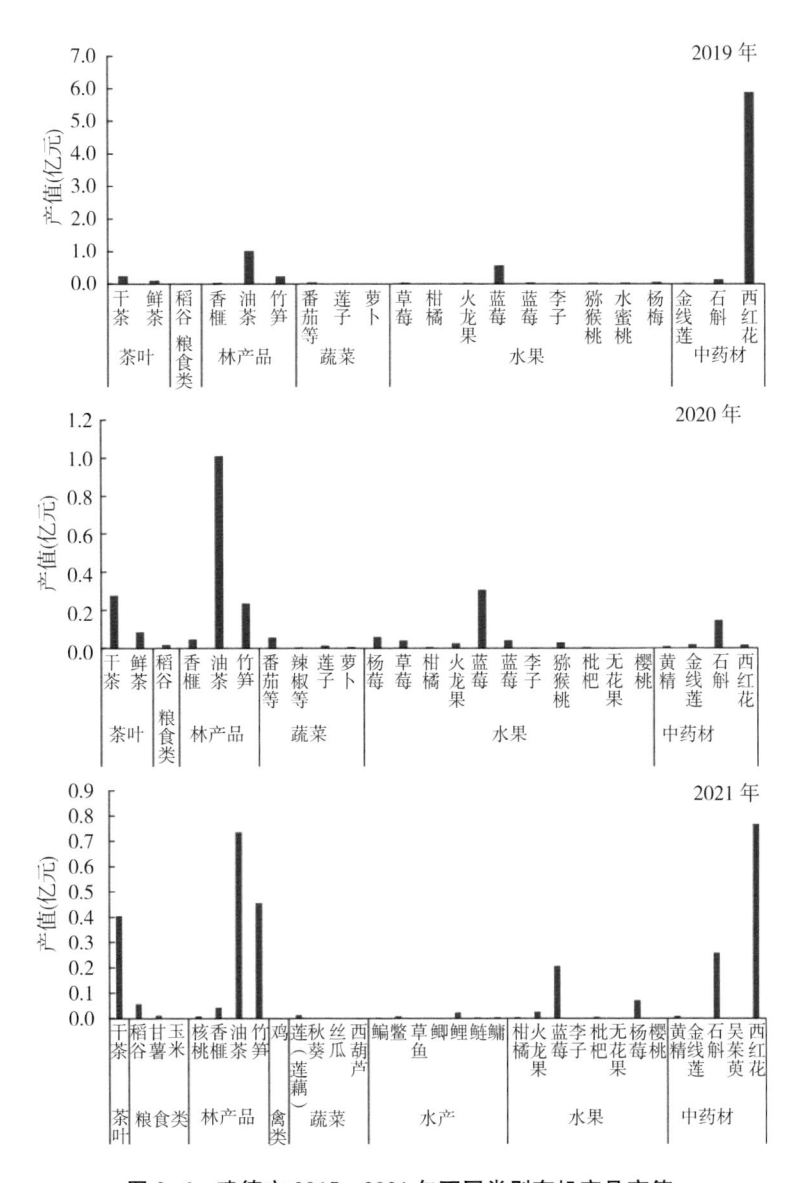

图 2-6　建德市 2015—2021 年不同类别有机产品产值

2.3　有机粮食类发展趋势

有机粮食类生产始于 2017 年，杭州华东医药民生发展有限公司在寿昌镇认证了 100 亩有机稻谷，2020 年全市的有机稻谷生产开始规模化，2021 年发展到 3 409 亩,产量 982 t,并与乡村旅游结合,形成了以大同"稻香小镇"为代表的特色综合产业模式。除稻谷外,2021 年,有机粮食类产品增加了甘薯和玉米,面积和产量分别为 120 亩和 299 t、129 亩和 50 t。

2.4 有机中药材发展趋势

有机中药材于 2015—2016 年和 2017—2019 年先后出现了石斛和西红花两个明星产品。极盛时期,有机石斛的年度认证面积和产值分别高达 2.8 万亩和 0.7 亿元;有机西红花为 421 亩、5.89 亿元。2020—2021 年,建德有机中药材主要包括石斛、西红花、金线莲、黄精和吴茱萸。2021 年,有机中药材种植面积 1 819 亩,产值规模 1.04 亿元,种植面积大小依次为石斛＞西红花＞吴茱萸＞黄精＞金线莲,产值规模依次为西红花＞石斛＞黄精＞金线莲＞吴茱萸。

2.5 有机果蔬类发展趋势

与其他有机种植类产品相比,有机水果和蔬菜近七年的认证面积整体稳步小幅度增长,有机水果由 1 479 亩增加到 1 808 亩,有机蔬菜从 2015 年的 160 亩增加到 242 亩,波动较小。有机水果和蔬菜对有机生产技术要求较高,生产难度较大,是有机种植企业更新频率较大的产品类别。2021 年的 3 家有机蔬菜企业中,仅 1 家企业(德泽农业开发有限公司)生产年限在三年以上;而 17 家有机水果企业,有 6 家是当年新获证企业,已进行两年有机生产的企业为 4 家,三年及以上的为 7 家。其中,德泽农业的有机蔬菜认证面积从 2015 年到 2020 年一直维持在 160 亩的规模,由于疫情影响和自身经营不善,2021 年认证面积缩减到仅剩 0.99 亩,产值也随之降低。有机水果产值从 2015 年的 2 178 万元增长到 2021 年的 3 196 万元。

2.6 有机养殖类发展趋势

建德市地处千岛湖下游,地表水资源丰富。环水区域养殖业发展受限,有机养殖基地发展起步较晚,有机禽类养殖规模在 2016—2017 年以及 2021 年维持在 1 t/a 的产量水平。2021 年,首次增加了有机水产类养殖,面积、产量和产值规模分别为 527 亩、108.5 t 和 493 万元。

2.7 发展趋势背景分析

建德市有机食品产业起步后,自 2004—2015 年,有机认证规模和产量逐年递增,2015—2016 年间达到有机认证规模峰值,维持了每年 1.02 万 t 有机产品的生产水平,其中 50% 的产量来自于石斛产业。建德市有机产品平均产值为 16 474 万元,石斛和油茶贡献了这一阶段 65% 的产品产值。

2017 年,受国内石斛产业地区间竞争和市场价格的影响,建德市石斛生产规模减少,有机石斛认证面积锐减,有机认证产量大幅降低。2017 年,建德市有机产品总认证面积和认证产量呈负增长,在年际变化中处低谷时期。

2018 年,建德市有机西红花种植规模显著提升,在 2018—2019 年贡献了全市 68%~76% 的有机产品产值,使得有机产品认证规模相比 2017 年有较大增幅。但 2020—2021 年,西红花面积和产量显著降低,有机产品产值随之降低,但与 2015 年相比仍翻了一番。

综上,建德市有机产品认证规模在产业发展初期主要受政府政策影响而呈现稳步增长趋势,期间政府项目资金和惠农政策的颁布,激励了有条件的企业从事有机食品生产。当全市有机食品产业发展到一定规模阶段,市场供需关系的影响日益显著。建德市有机产品各类别的认证规模相差较大,其中占比大的石斛和西红花产业的兴衰影响全市有机认证规模发展趋势。

3 建德市有机食品产业结构变化

3.1 有机认证面积结构

图 2-7 至图 2-9 分别反映了建德市 2015—2021 年间有机产品的面积、产量和产值在不同产品类别中的分布情况。从面积角度看,2015—2016 年,有机中药材占据了建德有机产品生产面积的一半以上,有机林产品面积占据有机产品生产面积的三分之一。从 2017 年开始,有机林产品面积占比成为各类

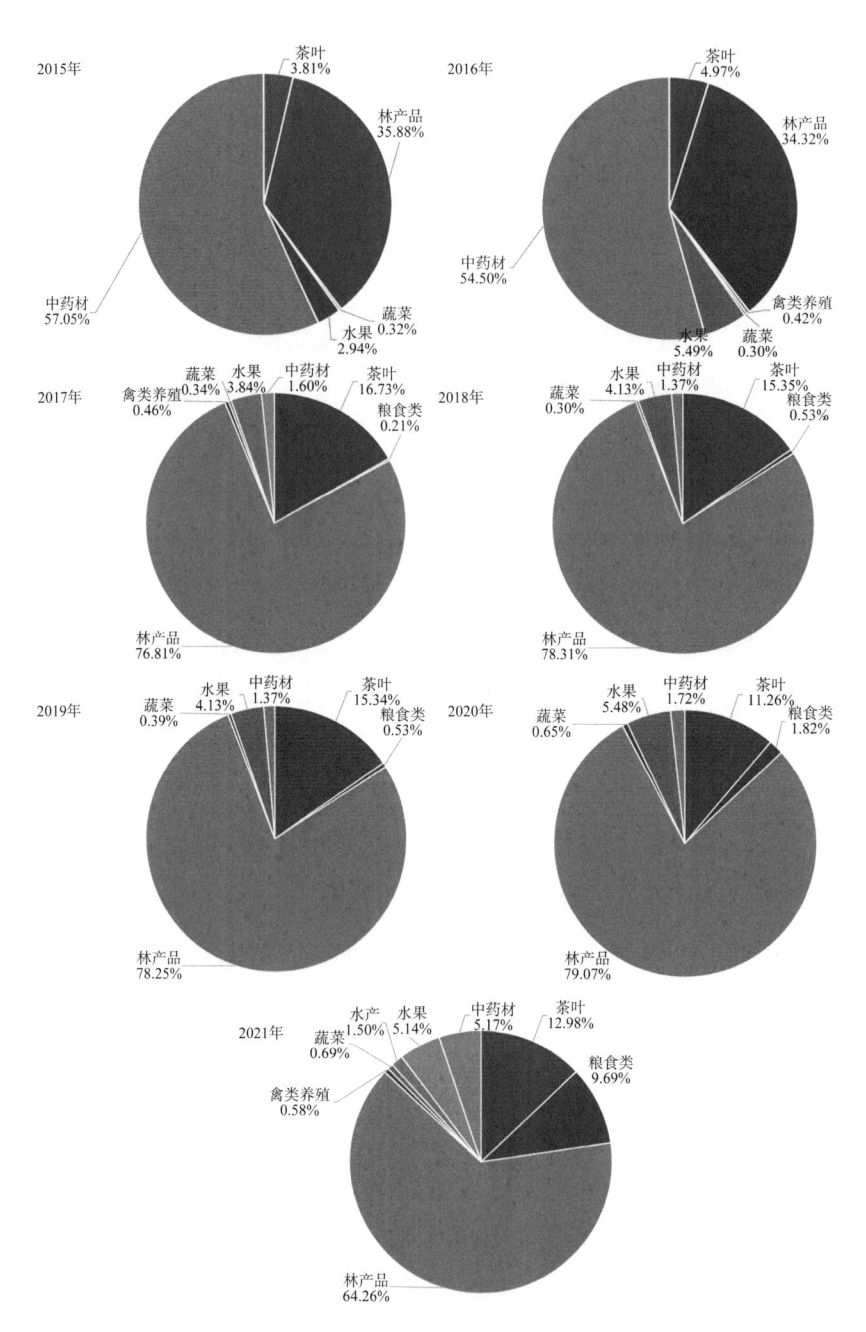

图 2-7　建德市 2015—2021 年不同类别有机产品面积分布

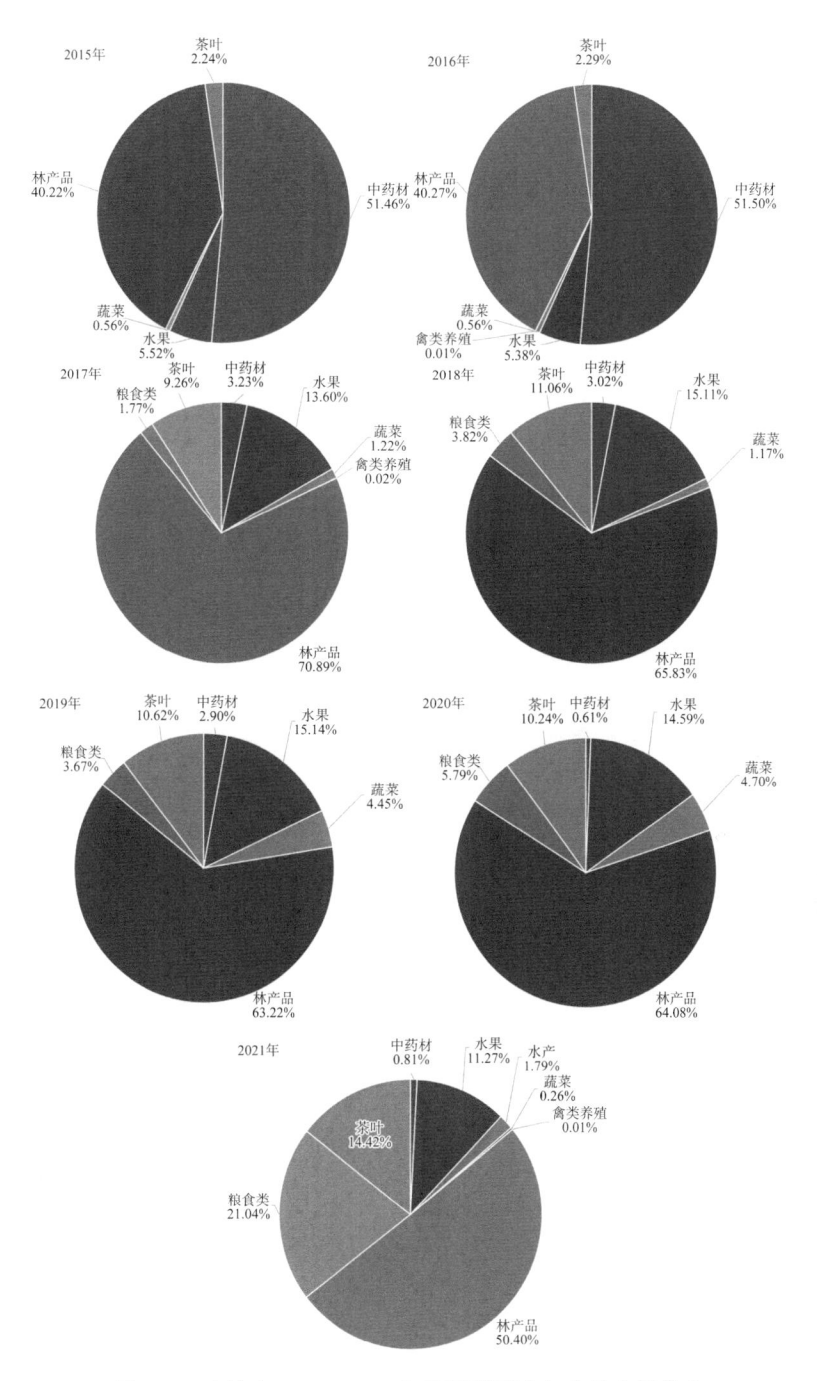

图 2-8　建德市 2015—2021 年不同类别有机产品产量分布

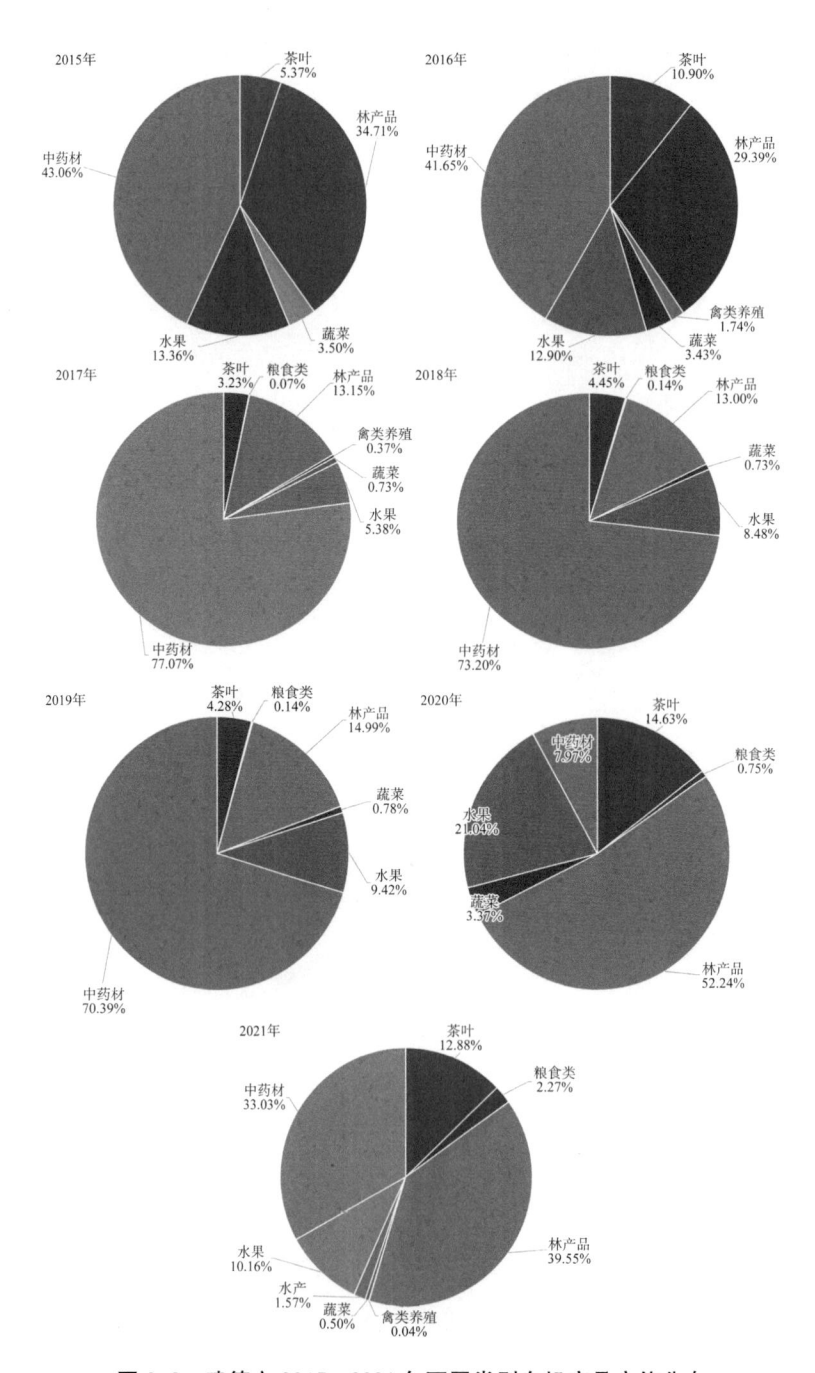

图 2-9　建德市 2015—2021 年不同类别有机产品产值分布

产品之首,到 2020 年,占比达 79.07%;从 2017 年开始,有机中药材生产面积占比保持在 2% 以内,到 2021 年增长至 5.17%。有机茶叶面积在 2015 年仅占 3.81%,到 2017 年增加到 16.73%,2021 年仍占比 12.98%。除林产品、中药材和茶叶外,有机粮食类也属于建德市有机产业结构中占比较大的产品,2021 年面积占比达到 9.69%。

3.2 有机认证产量结构

与面积变化趋势类似,2015—2016 年建德市有机产品产量最大的是有机中药材,占比约 51.5%;其次为有机林产品,占比约 40.2%。从 2017 年起,有机中药材产量占比锐减至 0.61%~3.23%,有机林产品产量则保持在 50% 以上。2021 年,有机产品产量占比大小依次为林产品>粮食类>茶叶>水果>水产>中药材>蔬菜>禽类养殖,其中粮食类、茶叶和水果贡献了建德市 46.73% 的有机产品产量。

3.3 有机认证产值结构

2015—2019 年间,中药材一直是建德市产值最高的有机产品类别,产值最高时占比达 77.07%。2020 年起,林产品产值一度超越了中药材,到 2021 年,林产品产值占比为 39.55%。在 2015—2020 年间,除中药材和林产品外,水果产值占比最大;2021 年,茶叶成为产值第三大产品,占比 12.88%,其次为水果,占比 10.16%。2021 年,建德市不同类别的有机产品产值占比大小依次为林产品>中药材>茶叶>水果>粮食类>水产>蔬菜>禽类养殖,前四者为建德市有机产品产值贡献了 95.62%。

4 建德市有机食品产业发展助力乡村共同富裕

4.1 莲花镇——有机石斛、闻名四方

中药材是建德市传统的特色优势产业,莲花镇充分发挥本地铁皮石斛资

源优势,立足实际,充分整合资源,大力发展铁皮石斛有机产业。2021年,莲花镇有有机石斛企业4家,石斛有机种植面积达190亩,占莲花镇石斛种植面积的一半以上。其中,九仙铁皮石斛基地的规模最大。

杭州九仙生物科技有限公司成立于2009年,位于莲花镇齐平村,是一家集铁皮石斛种植、加工、销售与技术服务为一体的农业科技型企业,已形成集产品研发、营销、旅游、餐饮服务于一体的多元化产业链,实现了一二三产融合发展。公司有机铁皮石斛生产基地于2013年6月被国家妇联、科技部、农业部认定为"全国巾帼现代农业科技示范基地",先后获得浙江省现代农业科技示范基地、浙江省农业科技型企业、杭州市农业龙头企业等荣誉称号。公司与浙江大学、浙江农林大学、浙江省农业科学院等高等科研院校紧密合作,积极开展铁皮石斛优良新品种选育、原生态有机栽培技术等研究,在莲花镇建立精品有机中药材生产基地。

在龙头企业的带领下,莲花镇有机石斛产业坚持"药用＋观赏＋采摘＋康养"发展模式,加强产业集约化开发,带动更多中小中药材合作社进行多领域、多方式合作,组建以产品、服务、品牌等为纽带的中药材联合社,做强做大中药材种植业,延伸产业链条,拓展产业发展空间,做优中药材服务业。九仙公司在齐平村建成集休闲观光、养生餐饮、展示展销、体验采摘为一体的铁皮石斛精品园,年均吸引上万人次来莲花镇旅游消费。游客可以感受石斛文化,体验品尝石斛养生产品,学习养生知识,并亲自体验制作石斛馒头、石斛汁、石斛花炒鸡蛋、石斛花酒等农家小吃。游客的到来,带动了本镇特色产品的销售,提升了村民收入,实现了一二三产的融合发展。

莲花镇积极加大线上模式推广力度,借助政务微信公众号、官方微博及企业微信小程序等拓展网上营销渠道。将文化创意产业融入石斛种植当中,以提高产品的附加值和品牌影响力。

4.2 杨村桥镇——打造生态药谷,发挥有机产业研学功能

金线莲,又名金线兰(*Anoectochilus roxburghii*),为兰科(Orchidaceae)金线兰属(*Anoectochilus*)多年生草本植物,是我国民间的珍稀药材,全草可入药,具

有极高的药用价值,产于我国浙江、福建、湖南等地。因其对生长环境的要求苛刻,野生金线莲濒临灭绝,所以人工栽培的金线莲成为了当今市场的主要来源。

建德山区的自然生态资源适宜金线莲的生长,位于建德市杨村桥镇徐坑村西片坞湾的五棵松家庭农场,在宛如世外桃源的深山中,开展原生态的金线莲栽培,打造金线莲生态药谷。五棵松家庭农场现有 205 亩林地,其中有机认证面积 30 亩。从 2013 年开始试种金线莲,经过数年努力,成功实现了自然环境下的人工栽培。这项仿野生种植技术在国内领先,在浙江省更是首屈一指。

五棵松生产基地被列为浙江农林大学金线莲试验示范基地、浙江农林大学学生校外实践基地、浙江农林大学中药学专业教学科研实习基地。2021年,建德市杨村桥镇五棵松家庭农场(金线莲)成功入选浙江省林业局首批林下道地中药材种植基地名单,总经理方锡平入选第四批浙江省林业乡土专家。2022 年,五棵松家庭农场完成金线莲安全越冬,这是浙江省金线莲成功越冬的首次案例。

近年来,从中央到地方相继出台了一系列政策,支持和推动中医药博物馆、中草药博览园等场地的建设,为中药材种植产业多元化发展奠定了基础。各中药种植基地根据自身的区位优势条件,将中药种植与中医药文化、科普教育、景观旅游相融合,成为乡村振兴、共同富裕的新业态,浙江省是全国首个开展林下道地中药材种植基地认定的省份。五棵松家庭农场依托独特的林地资源和森林生态环境,深入挖掘林下道地中药材资源,加强林下道地中药材基地建设,提高林地产出率,立足有机农业健康养生、绿色环保、中医传统文化,打造集"自然-生产-休闲-康乐-教育"于一体的景观综合体,充分发挥有机产业的研学科普功能。

4.3 三都镇——有机西红花,一朵"致富花"

西红花又名藏红花,原产于伊朗,汉晋之际从印度、尼泊尔随着佛教的东传进入西藏。20 世纪 70 年代,杭州从西德引进少许西红花种球开展试验,开启人工种植西红花之路。建德三都镇因气候较适宜西红花栽培,同时又有"浙八味"中药材的种植传统,由此成为西红花的浙江试验点,并试种成功。

西红花栽培主要分布在三都镇的圣江、和村、新和、梓里、樟村畈等村,逐步发展成为三都镇的特色产业。2001年,西红花被国家中医药管理局列为重点发展的中药材品种。2005年,建德市依据三都镇的种植经验编制浙江省地方标准《无公害中药材 西红花 第2部分:种球茎》(DB33/T 530.2—2005),并于2014年修订发布《西红花生产技术规程》(DB33/T 530—2014)。2011年,三都镇荣获全国唯一的"中国西红花(藏红花)之乡"称号。2017年,建德西红花被农业农村部评为"地理标志农产品"。

经过多年引种和改良试验,三都镇的西红花产业和技术在全国处于领先地位,创新"田间繁殖球茎,室内培育采花"两段栽培技术模式,提高产量和品质。近十年来,随着伊朗藏红花产量在全球占比的大幅上升,国内西红花市场受到了严重冲击,价格严重下滑。在此形势下,三都镇坚持走有机西红花种植模式,将产业做精做强做优,如今全国高品质的西红花90%以上都来自三都镇。

乡村振兴,产业为先。推动乡村产业振兴,要紧紧围绕发展现代农业,围绕农村一二三产业融合发展,构建乡村产业体系,实现产业兴旺,把产业发展落到促进农民增收上来。三都镇西红花产业极大地带动了当地乡村旅游业的发展。西红花采摘鲜花时节,三都镇圣江村圣火农业西红花基地智能化育花大棚里开满了一层层的紫色小花,景色美丽且壮观。村民们将花朵摘下来,取出里面三根红色的花丝,统一烘干,头期花国内售价(干花)每公斤可达三万元左右。圣火农业拓展西红花产业链,向精深加工转变,开发了有机西红花系列产品,如西红花面膜、护肤品、原香液等,极大提升了有机西红花产品的附加值。随着游客人数的增加,三都镇打造了西红花产业农业体验园、西红花康养中心、西红花博物馆等旅游康养项目,促进当地住宿、餐饮、康养等行业发展,带动百姓致富。

4.4 大同镇——赋能区域品牌,助力共同富裕

大同镇位于建德市西南部,是三国时新昌县治所在地,历来是建德西部重镇和商品集散地,历史悠久,文化源远流长。全镇总面积163 km²,其中耕

地面积 3.5 万亩,以水稻、茶叶、桑蚕、油茶等为农业主导产业,连续 9 年获杭州市粮食生产先进镇的称号,是建德市第一产粮大镇、农业大镇。

近年来,大同镇以发展有机产业为抓手,带动有机稻米、茶叶、茶油、莲子、柑橘等产业提质增效,走质量兴农之路,拥有久晟油茶、郎家飨谷、名门稻府、忠心义等一批知名品牌农业企业。2015 年,大同镇仅有 3 家有机生产企业(浙江久晟茶业发展有限公司、建德市霞雾农业开发中心、杭州贵妃家庭农场有限公司),主要从事有机油茶和有机石斛种植。2016 年起,大同镇依托万亩生态优质粮食生产基地,在得天独厚的地理优势和日益完善的基础设施建设引领下,以全镇农业有机化为目标,积极为农业主体提供有机农业技术培训和服务,为农产品生产安全严格把关,为农产品销售提供一系列配套服务。截至 2021 年,大同镇有机生产企业数量已增至 16 家,产品类别包括稻谷、油茶、竹笋、茶叶、水果等,有机认证面积达 1.3 万亩。为加快有机食品产业品牌化、标准化、专业化、集约化进程,大同镇打造"农创梦工程"区域公共品牌,成立农创联盟,结合一年一度"稻香小镇"开镰节活动和"大地稻香、同迎亚运"等主题活动,实现以农促游、以游带农,提升有机产品品牌知名度和美誉度,实现有机农业带动地区农业绿色高质量发展。同时,利用品牌效应,整合小镇核心区块的土地资源,搭建电商平台,以农创引领,推动传统农业迭代升级;以美丽城镇建设带动三产融合,发展高质量现代化农业,打造新时代文化高地,搭建农创梦工场平台,加快推进千年古城复兴,呈现出"稻香小镇"片区联动发展、基层治理创新、群众共富增收的生动局面。

大同镇镇源村有万余亩山林,水资源丰富,其境内有国家一级水资源保护区牙坑水库,山林土壤主要是微酸性红壤,森林覆盖面积大,环境质量优良,适宜种植油茶。浙江久晟茶业发展有限公司和建德市霞雾农业开发中心作为建德市大同镇两家规模较大的油茶加工民营龙头企业,在引领大同镇乡村全面振兴,实现共同富裕的进程中发挥了重要作用。

浙江久晟茶业发展有限公司自 2006 年 8 月成立以来,一直专注于高端食用植物油及油茶衍生品的研发、生产及销售,目前已成为华东商超市场主要茶油供应商、中国主要茶油茶粕出口企业。公司注重研发创新,是茶皂素行业标准的主要起草单位，也是"全国油茶产业技术创新联盟"成员之一，与浙江大学、中国林业科学研究院亚热带林业研究所、国家油茶科学中心密切合作，掌握油茶研发最新动态和先进的生产工艺技术。公司通过"产学研"结合的模式，致力于高产油茶种植技术、油茶籽油的深精加工新技术、油茶籽油中各种有效成分萃取等课题的研究，增加公司旗下产品的附加值。公司使用德国全不锈钢加工设备，全封闭榨油车间，采用低温冷榨、冷冻脱脂工艺，加工出来的茶油色泽金黄透明，味道香醇浓厚，保留了油茶的营养成分。公司集中流转承包大同镇镇苑村土地，统一生产，聘用公司管理者和专业技术人员实施管理，雇佣当地农民从事有机种植，聘请专家不定期为农民进行有机技术培训，使农民掌握专业知识和技巧，让农民获得土地租金的同时，还拥有就业机会。公司统一管理有机肥和植保产品，配套发放给种植农户，按照公司统一标准进行种植管理，确保有机茶籽油质量。公司不仅进行中国标准的有机认证，还获得 OFDC 标准、日本标准、美国标准、欧盟标准等多个有机产品认证证书，产品远销到日本、韩国、澳大利亚、美国、加拿大以及欧洲，大大提高了经济效益和品牌影响力。

杭州贵妃家庭农场有限公司位于大同镇永平村，成立于 2013 年，是集种植、加工、销售、观光旅游、餐饮服务为一体的农业高新技术企业，先后被评为浙江省和杭州市示范性家庭农场、建德市三星级农业精品园。2021 年，农场种植"红美人"有机柑橘，经济效益良好。农场采用火龙果和草莓的套种模式，冬春两季采收草莓，夏秋季管理与采收火龙果，错开和补充各自的采收期，提高土地复种面积，增加农场经济效益。

第三章

建德市有机农业生态系统生产总值核算

2021年5月20日,党中央、国务院印发《中共中央 国务院关于支持浙江高质量发展建设共同富裕示范区的意见》(以下简称《意见》),赋予浙江重要示范改革任务,先行先试、作出示范,为全国推动共同富裕提供省域范例。《意见》明确指出"高水平建设美丽浙江","全面推进生产生活方式绿色转型。拓宽绿水青山就是金山银山转化通道,建立健全生态产品价值实现机制,探索完善具有浙江特点的生态系统生产总值(GEP)核算应用体系"。

生态产品包括自然生态系统为人类生存与发展提供的各类物质资源和生态环境服务[1-2]。自20世纪90年代以来,科学家开始意识到生态系统对人类生存与发展的重要作用,并发现人们只关注自然生态系统提供的物质产品(如食物、建设材料、水资源),对生态系统调节服务功能(如水土保持、污染物净化、固碳释氧、生物多样性保护)和文化服务功能(如观光农业、旅游休憩)的价值还没有充分认识,更没有将其转化为经济效益,这是导致生态环境破坏的主要原因[1-2]。2005年,时任浙江省委书记的习近平同志提出"绿水青山就是金山银山"的科学论断。自党的十八大以来,政府积极推动将生态效益纳入政府、干部考核指标体系。2021年4月,中共中央办公厅、国务院办公厅印发《关于建立健全生态产品价值实现机制的意见》,对生态产品价值实现机制进行系统性、制度化阐述。2022年3月,国家发展改革委、国家统计局联合印发《生态产品总值核算规范(试行)》,要求各地结合实际稳步探索应用。如何建立科学的核算体系,准确计算出生态产品的经济价值,对推动生态价值转化和绿色高质量发展具有重要的研究意义。

为了核算人类经济活动的成果,建立了国民经济核算体系,以国内生产总值(GDP)为主要核算指标,用以衡量一个国家或地区在一定时期内生产和提供的最终产品和服务的总价值。GDP已成为世界各国应用最普遍的经济核算指标[3]。2013年,欧阳志云提出生态系统生产总值(GEP)的概念,将其定义为:一定区域一定时间内,生态系统为人类福祉和经济社会可持续发展提供的最终产品与服务价值的总和[4]。与GDP的概念相对应,GEP是评价生态产品价值的指标。大部分学者将GEP分为物质产品价值、调节服务价值和文化服务价值三部分,通过构建指标体系或采用生态系统服务价值当量因子法,开展不同尺度的核算研究。其中,构建指标体系的方法相较于其他方法更为常用[5]。

生态产品的价值实现是可持续发展的内在动力。当前生态系统服务功能已成为生态经济学和环境经济学研究的热点。随着农业经济的不断发展、农林科学技术的不断革新,农田生态系统服务功能逐渐为人们所重视。农民为了追求产量最大化,大量使用化肥、农药和农膜,造成生态环境日趋恶化。土壤退化、水体富营养化、农田面源污染等问题不仅造成了巨大的环境压力,而且增加了农业生产成本。与常规农业相比,有机农业具有更严格的生产要求和标准,在整个生产体系中不使用化学合成的肥料、农药,禁止采用基因工程获得的生物及其产物[6]。除了最基本的食品生产功能外,有机农业生态系统具有更多的生态和文化服务功能。通过建立相应的评价体系和研究方法,将这些生态功能逐渐货币化,不仅可以提高人们对有机农业生态系统的认知程度,也有利于估算有机农业生态系统服务功能的经济价值,为相关部门制定绿色发展政策提供科学依据[7]。

自2005年建德市霞雾农业开发中心有机茶籽基地获批"国家有机食品生产基地"称号以来,建德市高度重视有机食品产业发展。依托丰富的农业资源优势和良好的生态环境,积极调整优化农业产业结构,大力推进农业产业化经营,山区特色生态有机农业得到长足发展,现已初步形成规模农业带[8],有机农业已成为建德现代农业的重要支撑,农民收入逐年增加。2021年,建德市发布《建德市生态产品价值实现"十四五"规划》,明确要求探索完善建德市生态系统生产总值(GEP)核算应用体系,加快核算成果多元应用,建立健全以生态价值观念为准则的生态文化体系,推动生态产品价值全面提升。到2025年,协同推进生态产业化和产业生态化,包括供给产品、调节服务和文化服务在内的三类生态产品价值充分挖掘释放,绿水青山转化为金山银山的通道进一步拓宽。

根据杭州市生态目标责任制考核、市委十四届七次全体(扩大)会议要求,杭州市生态环境局建德分局将加快推进生态文明创建提质增效工作列入建德市完成新时代美丽杭州建设三年行动计划(2020—2022年)主要任务及杭州市生态环境局建德分局全市生态环境重点工作,要求在创建国家有机食品生产基地建设示范县的基础上,加快有机食品生产基地示范项目培育,扩大有机示范影响力。核算建德市有机农业生态系统生产总值,为建德市有机食品发展赋能生态环境保护、实现"共同富裕"提供技术支撑,同时也为有机农业助力乡村振兴注入新动能。

1 评价思路和方法

评估生态系统服务价值的技术方法分为三种:实际市场评估技术、替代市场评估技术和模拟市场评估技术。

(1) 实际市场评估技术是将生态系统服务或环境质量看成是一个生产要素,生产要素的变化会导致产品价格水平的变化,通过观测价格水平的变化可以计算生态系统的服务价值。计算方法主要包括市场价值法、费用支出法、机会成本法。

(2) 替代市场评估技术是通过估算某些没有直接市场价格的服务功能的替代品花费来计算生态系统的服务价值。计算方法主要包括替代工程法、恢复费用法、人力资本法。

(3) 模拟市场评估技术是对不存在市场交易和实际市场价格的生态系统产品和服务人为构造一个假想市场来衡量生态系统服务和功能的价值。它以支付意愿和净支付意愿来表达生态系统服务的经济价值,其计算方法主要为条件价值法。

为了科学计算建德市有机农业生态系统生产总值,采用实际市场评估技术、替代市场评估技术和模拟市场评估技术结合实地调研的方式展开核算。根据 2005 年联合国发布的《千年生态系统评估》,结合建德市农业实际,将建德市有机农业生态系统服务分为直接生态系统服务和间接生态系统服务两大类。直接生态系统服务主要指产品供给,即产品生产和供应;间接生态系统服务主要包括调节服务和文化服务。根据上述生态系统服务功能分类,构建了建德市有机农业生态系统服务功能评价指标体系,包括 6 个指标和 5 种计算方法(表 3-1)。

表 3-1　建德市有机农业生态系统服务评价指标体系

功能类型	服务功能	功能指标	评价方法
生产功能	食物生产	农产品	市场价值法
调节功能	固碳释氧	固定二氧化碳	碳税法
		氧气生产	工业制氧法
	土壤保持	固土和减少面源污染	替代工程法
		保持土壤有机质	市场价值法
文化功能	休闲旅游	旅游观光	旅行休憩法

调研总计考察了 20 个有机生产基地（及其对应的常规生产基地），如图 3-1、表 3-2 所示，共采集 52 份土壤样品，其中记录经纬度数据的采样点总计 32 个，分别来自大同镇、莲花镇、下涯镇、杨村桥镇、梅城镇、大洋镇、三都镇和乾潭镇 8 个乡镇。

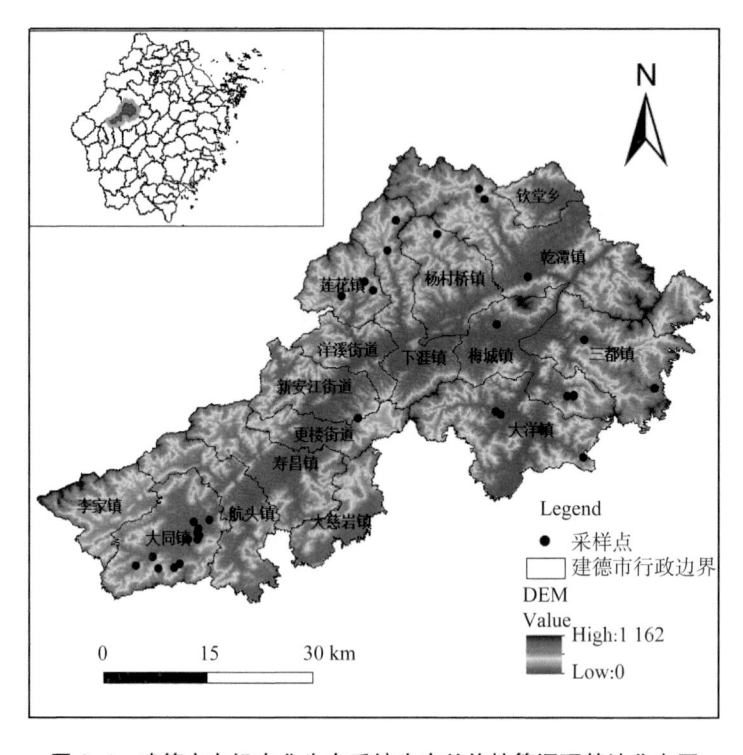

图 3-1　建德市有机农业生态系统生产总值核算调研基地分布图

表 3-2 建德市有机调研基地信息一览表

序号	基地名称	所在乡镇	作物名称(产品类型)	取样点
1	大库湾生态农业	三都镇	香榧(林产品)	1
				2
				3
2	茶乾坤有机食品	梅城镇	茶叶(茶叶)	1
				2
				3
3	开农生态科技	乾潭镇	茶叶(茶叶)	1
				2
4	柳村善食农业	大洋镇	蔬菜(蔬菜)	1
5	大疆农业	大洋镇	水稻(粮食类)	1
				2
6	平坡谷农庄	下涯镇	茶叶(茶叶)	1
				2
7	五棵松家庭农场	杨村桥镇	金线莲(中药材)	1
8	天羽茶业	莲花镇	茶叶(茶叶)	1
				2
9	九仙生物科技	莲花镇	石斛(中药材)*	—
10	戴家家庭农场	莲花镇	樱桃(水果)	1
11	霞雾农业开发中心	大同镇	油茶(林产品)	1
				2
12	久晟山林培育基地	大同镇	油茶(林产品)	1
				2
13	大同益明家庭农场	大同镇	水稻(粮食类)	1
				2
14	大同镇稻香小镇	大同镇	水稻(粮食类)	1
				2
				3
15	贵妃家庭农场	大同镇	橘子、火龙果(水果)	1
16	麻车杨梅专业合作社	大洋镇	杨梅(水果)	1
17	博马农业	大同镇	水稻(粮食类)	1

续表

序号	基地名称	所在乡镇	作物名称(产品类型)	取样点
18	老罗果园	乾潭镇	蓝莓(水果)	1
19	惠丰家庭农场	梅城镇	枇杷(水果)	1
20	圣火农业	三都镇	西红花(中药材)、水稻(粮食类)	1

注:铁皮石斛为无土栽培故未取样。

2 有机农业生态系统生态产品功能量核算

2.1 产品供给功能

农产品生产和供应是农田生态系统服务的重要功能之一。建德市有机基地主要生产有机林产品、茶叶、蔬菜、粮食、中药材、水果、水产和禽类等农产品,2021年各类农产品产量见表3-3。各类有机农产品的产量可以通过中国食品农产品认证信息系统(https://food.cnca.cn)历年统计资料获取。计算公式[4]如下:

$$F_t = \sum_{i=1}^{n} F_i \tag{1}$$

式中:F_t为作物总产量,t;F_i为第i种农产品的产量,t。

表3-3 建德市2021年有机基地各类农产品产量

产品类型	产量(t)
林产品	3 048.36
茶叶	872.176
蔬菜	15.588
粮食类	1 272.695
中药材	48.76
水果	681.59
水产	108.475

续表

产品类型	产量(t)
禽类养殖	0.9
总计	6 048.544

2.2 土壤保持功能

土壤保持功能是农田生态系统服务功能的重要组成部分，它可以减少土壤的养分流失。土壤养分主要包含氮、磷、钾和土壤有机质。在土壤侵蚀及冲刷下，土壤中的氮素、磷素通过农田排水、农田地表径流和地下渗漏大量涌入河流、湖泊、水库、海湾等水域，造成大面积的面源污染。如果不采取任何水土保持措施，需要通过环境工程降解受纳水体中过量的营养物质进而减少氮、磷面源污染。

选用土壤保持量，作为农田生态系统土壤保持功能的评价指标。采用通用土壤流失方程（USLE）对建德市土壤保持量进行核算。土壤保持量是潜在土壤侵蚀模数与实际土壤侵蚀模数的差值，即有无农作物覆盖下土壤侵蚀模数的差值。

为顺利完成研究区土壤保持量的核算，根据核算需要，对建德市地形、地貌和降雨量等相关资料进行了搜集（表3-4）。

表3-4 土壤保持量核算所需资料搜集情况

测算因子	计算涉及参数	影响因素	所需数据及来源	获取情况
降雨侵蚀力因子	逐月降雨量	1. 雨型 2. 雨滴动能 3. 降雨量 4. 降雨强度	逐月日均降雨量。降雨量数据来源于国家科技基础条件平台——国家地球系统科学数据中心地理资源分中心（中国1公里分辨率0.008 333°逐月降水数据集）	已获取
土壤可蚀性因子	1. 土壤有机碳含量 2. 土壤粉粒、砂粒、黏粒百分比	土壤质地	建德市有机基地采样点土壤砂、粉、黏3种粒径颗粒和有机碳的百分比含量。3种粒径颗粒百分比含量数据来自中国科学院地理科学与资源研究所资源环境科学与数据中心；有机碳的百分比来自土壤样品试验的测定	已获取

续表

测算因子	计算涉及参数	影响因素	所需数据及来源	获取情况
坡长和坡度因子	地貌形态参数	地形起伏变化	DEM高程数据。DEM数据来源于地理空间数据云GDEM V3(30 m)	已获取
水土保持措施因子	1. 坡度 2. 土地利用类型	1. 地貌形态 2. 水土保持措施	DEM高程数据。DEM数据来源于地理空间数据云GDEM V3(30 m)	已获取

潜在土壤侵蚀模数：

$$E_p = R \times K \times L \times S \quad (2)$$

实际土壤侵蚀模数：

$$E_r = R \times K \times L \times S \times C \times P \quad (3)$$

土壤保持量：

$$Q_s = A \times (E_p - E_r) \quad (4)$$

式中：E_p 为潜在土壤侵蚀模数，单位为 t/(hm^2 · a)；E_r 为实际土壤侵蚀模数，单位为 t/(hm^2 · a)；Q_s 为土壤保持量，单位为 t/(hm^2 · a)；A 为农作物种植面积，单位为 hm^2；R 是降雨侵蚀力因子，反映降雨对土壤侵蚀的潜在能力，单位为 (hm^2 · MJ · mm)/(h · a)；K 是土壤可蚀性因子，即标准小区上单位降雨侵蚀力所引起的土壤流失量，单位为 (t · hm^2 · h)/(hm^2 · MJ · mm)；L 为坡长因子(无量纲)；S 为坡度因子(无量纲)；C 为植被覆盖因子(无量纲)，值域范围 0～1。P 为水土保持措施因子，与土地利用类型相关(无量纲)，值域范围 0～1。

其中，降雨侵蚀力因子 R 计算公式[10]如下：

$$R = \sum_{i=1}^{12} 0.012\,5 P_i 1.625\,9 \quad (5)$$

式中：i 为月序；P_i 为月降雨量(mm)；R 为年降雨侵蚀力(MJ · mm)/(hm^2 · h · a)。

建德市有机基地 R 因子如表 3-5 所示，月降雨量如图 3-2 所示。

表 3-5　建德市有机基地 R 因子

序号	粉粒(%)	砂粒(%)	粘粒(%)
1	119.693 344	29.473 349	892.733
2	119.588 783	29.463 919	880.239
3	119.467 417	29.722 008	918.231
4	119.601 697	29.387 483	802.987
5	119.495 611	29.440 508	814.435
6	119.361 147	29.681 794	980.249
7	119.414 456	29.665 444	949.354
8	119.331 844	29.595 944	935.867
9	119.291 372	29.588 317	1014.63
10	119.055 947	29.248 050	1014.71
11	119.083 800	29.254 239	984.851
12	119.109 722	29.289 044	951.384
13	119.107 047	29.284 411	951.384
14	119.123 125	29.309 017	956.445
15	119.546 815	29.422 030	802.475
16	119.049 442	29.262 294	1 014.158
17	119.529 808	29.612 381	844.983
18	119.490 075	29.553 117	848.236
19	119.602 897	29.534 106	828.505

土壤可蚀性因子 K 计算公式[11]，如下：

$$K = \left\{0.2 + 0.3\exp\left[-0.025\,6 m_{sand}\left(1 - \frac{m_s}{100}\right)\right]\right\} \times \left(\frac{m_s}{m_c + m_s}\right)^{0.3} \times$$

$$\left[1 - \frac{0.25 CM}{CM + \exp(3.72 - 2.95 CM)}\right] \times$$

$$\left[1 - \frac{0.7 n_i}{n_i + \exp(-5.51 + 22.9 n_i)}\right] \quad (6)$$

式中：K 为土壤可蚀性因子值 $(t \cdot hm^2 \cdot h)/(hm^2 \cdot MJ \cdot mm)$；$m_{sand}$、$m_s$、$m_c$、$CM$ 分别为美制土壤颗粒分级标准中的砂粒(0.05～2 mm)、粉粒(0.002～

0.05 mm)、黏粒(<0.002 mm)和有机碳百分比(%);$n_i=1-m_{sand}/100$。

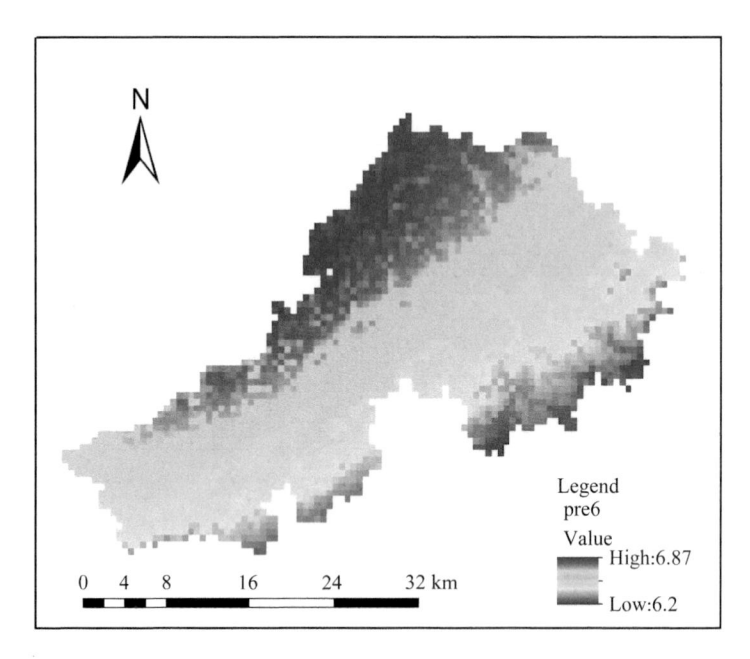

图 3-2　建德市 2021 年 6 月份日均降雨量

注:共计 12 个月份日均降雨量数据,此处仅展示 6 月份(调研时段)数据。

建德市采样点三种粒径和有机碳百分比含量如表 3-6 所示,空间分布如图 3-3 至图 3-5 所示。有机基地 K 因子如表 3-7 所示。

表 3-6　建德市采样点三种粒径和有机碳百分比含量

序号	粉粒(%)	砂粒(%)	黏粒(%)	有机碳含量(%)
1	25	39	36	1.155
2	25	39	36	1.489
3	25	39	36	1.175
4	33	43	24	2.706
5	25	39	36	2.725
6	33	43	24	1.433
7	25	39	36	1.331

续表

序号	粉粒(%)	砂粒(%)	黏粒(%)	有机碳含量(%)
8	25	39	36	1.148
9	25	39	36	1.918
10	38	33	29	0.837
11	38	33	29	1.138
12	25	39	36	1.639
13	25	39	36	1.828
14	25	39	36	2.308
15	25	39	36	2.885
16	25	39	36	2.162
17	25	39	36	1.265
18	25	39	36	1.874
19	38	33	29	0.000
20	25	39	36	0.700
21	25	39	36	1.397
22	25	39	36	2.109
23	38	33	29	1.943
24	38	33	29	1.463
25	38	33	29	2.185
26	27	51	22	1.602
27	27	51	22	1.927
28	38	33	29	1.395
29	26	62	12	1.256
30	38	33	29	0.443
31	38	33	29	1.429
32	38	33	29	1.314
33	25	39	36	0.460
34	38	33	29	1.424

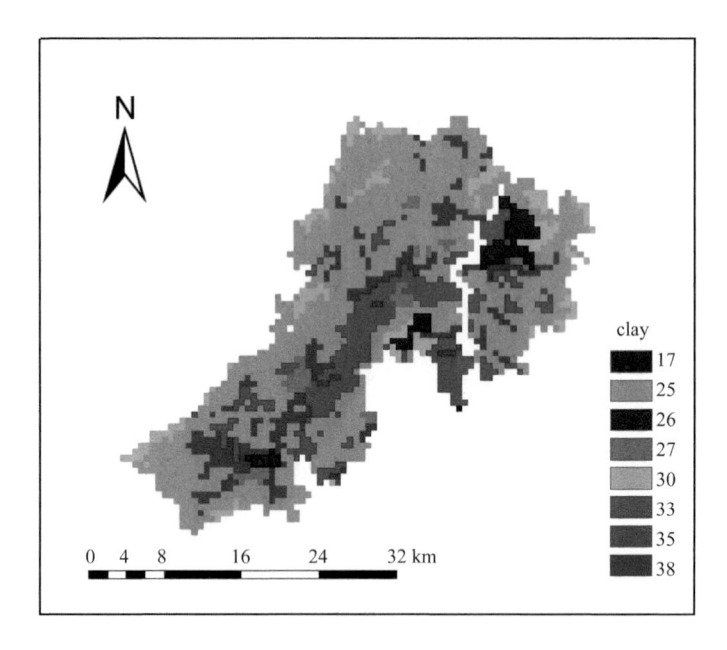

图 3-3　建德市土壤粉粒百分比含量空间分布图

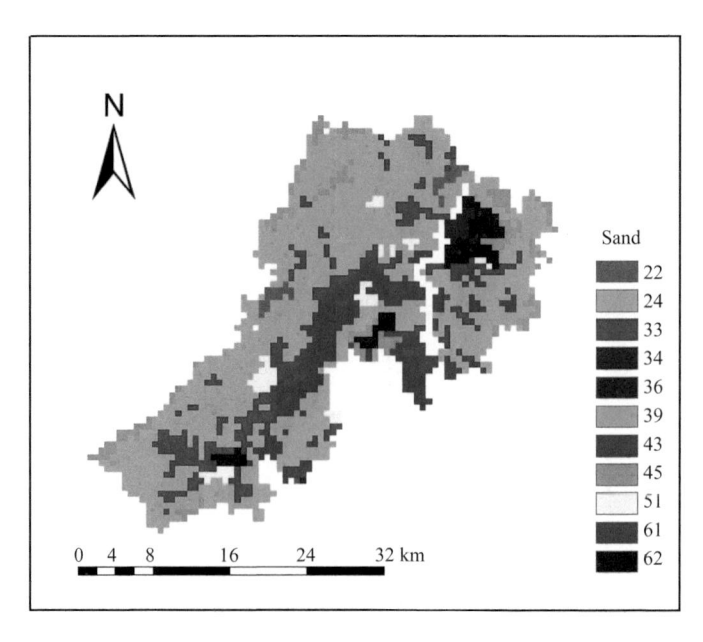

图 3-4　建德市土壤砂粒百分比含量空间分布图

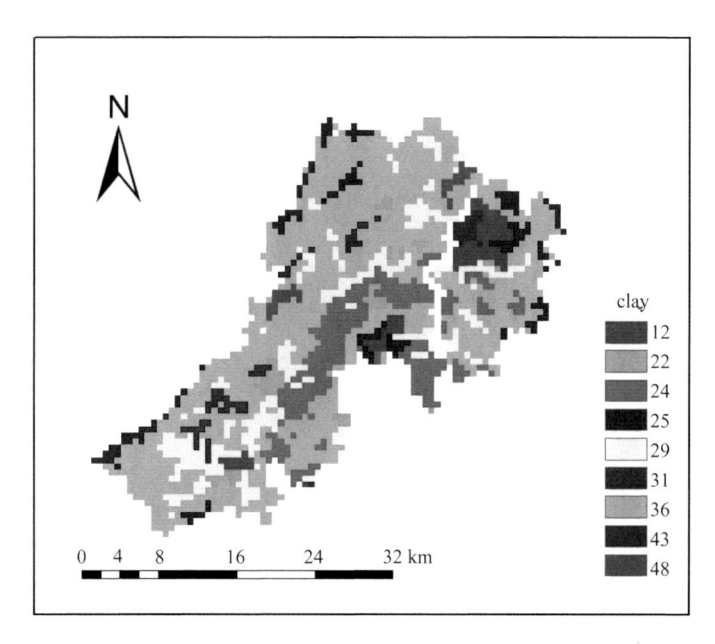

图 3-5　建德市土壤黏粒百分比含量空间分布图

表 3-7　建德市有机基地 K 因子

序号	K 因子	序号	K 因子
1	0.231 640	12	0.217 361
2	0.218 988	13	0.260 754
3	0.221 026	14	0.210 012
4	0.200 762	15	0.222 657
5	0.303 178	16	0.315 550
6	0.207 105	17	0.262 748
7	0.197 457	18	0.270 379
8	0.196 379	19	0.258 872
10	0.224 858	20	0.263 048
11	0.201 453		

坡长因子 L、坡度因子 S 计算公式[12]如下：

$$L = \left(\frac{\lambda}{22.13}\right)^m \tag{7}$$

$$\lambda = l \times \cos\alpha \qquad (8)$$

式中：L 为坡长因子（无量纲）；λ 为水平投影坡长，m；l 为地表沿流向的水流长度，m；α 为水流地区的坡度值；m 是可变的坡度指数，当 $\theta<0.57°$ 时，$m=0.2$；当 $0.57°\leqslant\theta<1.72°$，$m=0.3$；当 $1.72°\leqslant\theta<2.86°$，$m=0.4$；当 $2.86°\leqslant\theta$ 时，$m=0.5$。

$$S = \begin{cases} 10.80 \times \sin\theta + 0.03 & \theta \leqslant 5° \\ 16.80 \times \sin\theta - 0.50 & 5° < \theta \leqslant 10° \\ 21.91 \times \sin\theta - 0.96 & \theta > 10° \end{cases} \qquad (9)$$

式中：S 为坡度因子（无量纲）；θ 为坡度，单位为°。

建德市 DEM 空间分布、坡度 θ 空间分布、坡长因子 L 空间分布、坡度因子 S 空间分布分别如图 3-6 至图 3-9 所示。建德市有机基地 L、S 因子如表 3-8 所示。

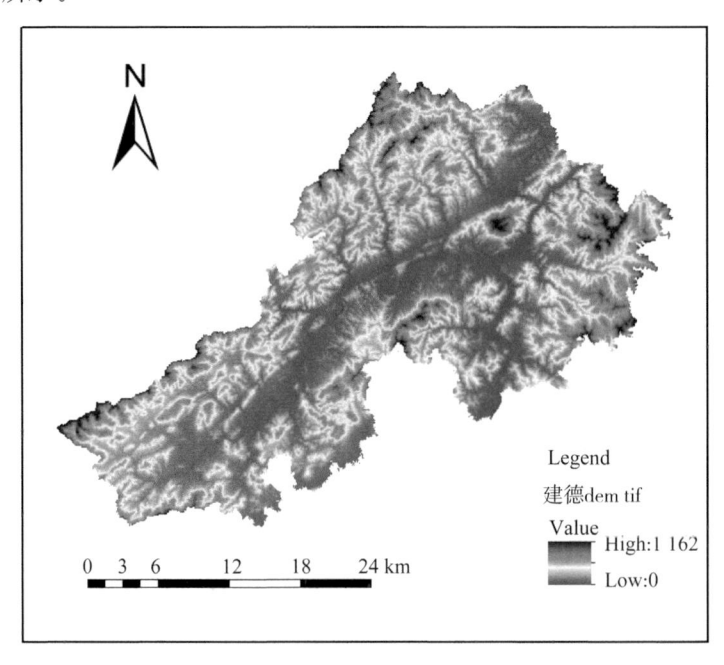

图 3-6　建德市 DEM 空间分布图

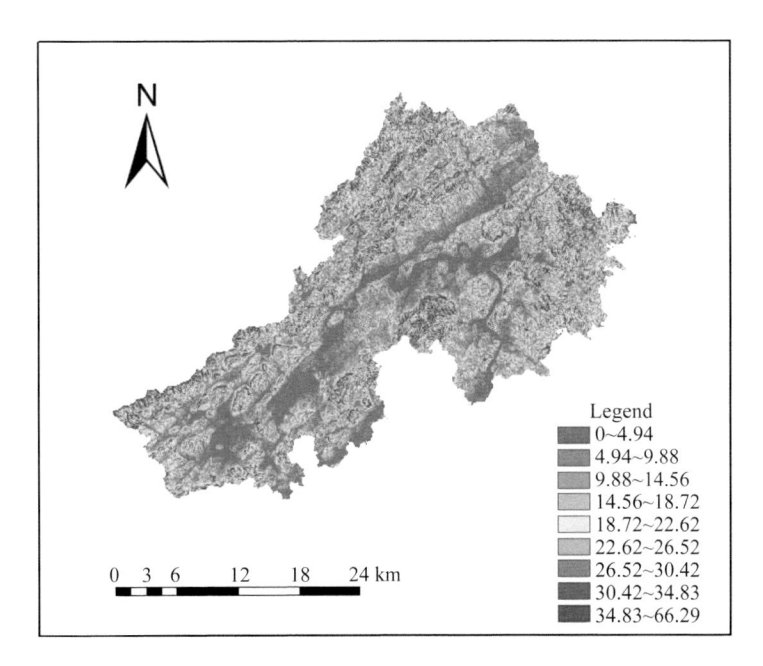

图 3-7　建德市坡度 θ 空间分布图

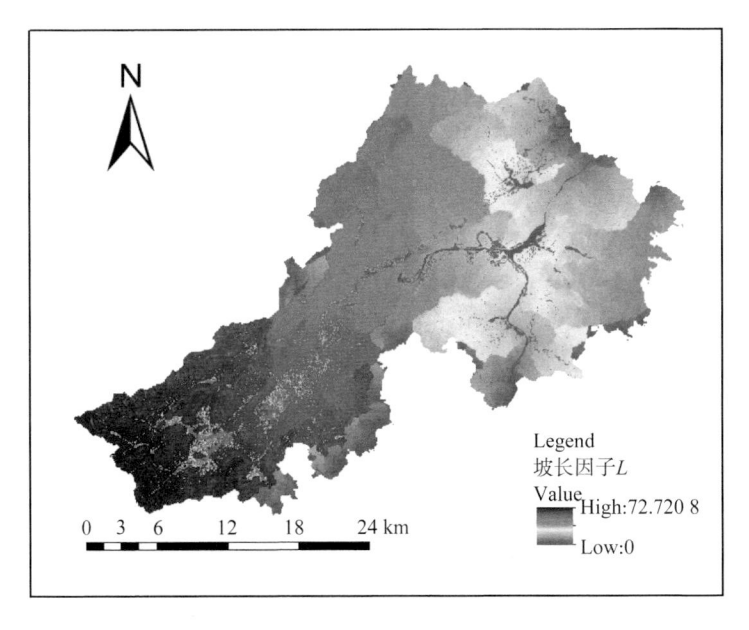

图 3-8　建德市坡长因子 L 空间分布图

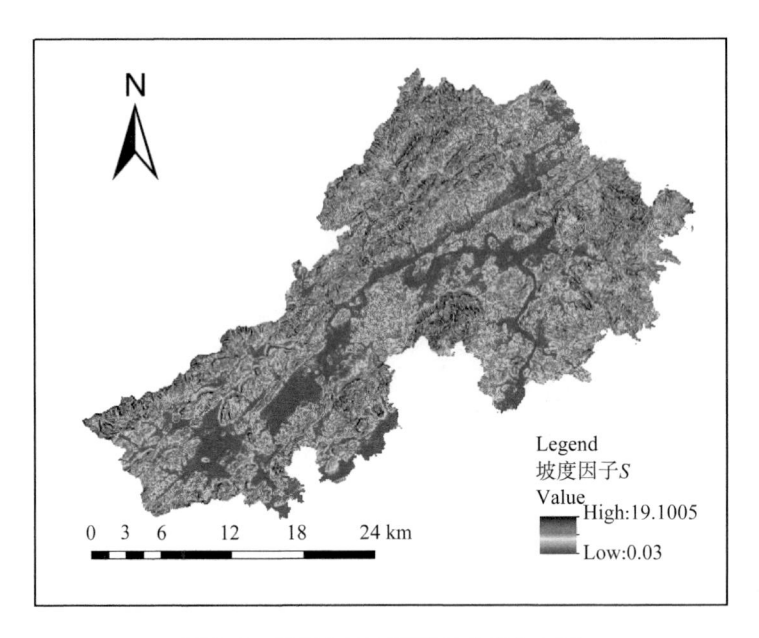

图 3-9 建德市坡度因子 S 空间分布图

表 3-8 建德市有机基地 L 和 S 因子

序号	L 因子	S 因子
1	41.365 9	2.198 58
2	31.442 7	6.325 77
3	35.821 6	7.621 58
4	26.393 3	3.319 73
5	23.084 4	6.737 74
6	53.645 2	1.161 73
7	44.664 9	3.184 76
8	51.525 4	3.335 51
10	48.690 4	10.231 1
11	65.577 2	4.918 34
12	65.201 3	3.992 59
13	63.652 8	2.996 68

续表

序号	L 因子	S 因子
14	64.465 5	1.159 48
15	62.265 1	2.009 81
16	10.409 5	0.392 91
17	66.484 7	0.519 24
18	13.362 6	0.506 24
19	16.298 7	0.419 17
20	32.061 0	0.734 93

建德市有机基地 C 因子如表 3-9 所示。建德市 NDVI 指数空间分布、FVC 指数空间分布、植被覆盖因子 C 空间分布分别如图 3-10 至图 3-12 所示。

植被覆盖因子 C 计算公式[10]如下：

$$FVC = \frac{NDVI - NDVI_{\min}}{NDVI_{\max} - NDVI_{\min}} \tag{10}$$

$$C = \begin{cases} 1 & FVC \leqslant 0.095 \\ 0.650\ 8 - 0.343\ 6 \lg FVC & 0.095 < FVC \leqslant 0.783 \\ 0 & FVC > 0.783 \end{cases} \tag{11}$$

表 3-9 建德市有机基地 C 因子

序号	经度(°)	纬度(°)	C 因子
1	119.693 344	29.473 349	0.002 172
2	119.588 783	29.463 919	0.068 701
3	119.467 417	29.722 008	0.111 072
4	119.601 697	29.387 483	0.031 282
5	119.495 611	29.440 508	0.038 458
6	119.361 147	29.681 794	0.052 811
7	119.414 456	29.665 444	0.012 161

续表

序号	经度(°)	纬度(°)	C 因子
8	119.331 844	29.595 944	0.016 824
10	119.291 372	29.588 317	0.048 357
11	119.055 947	29.248 050	0.033 784
12	119.083 800	29.254 239	0.062 183
13	119.109 722	29.289 044	0.230 973
14	119.107 047	29.284 411	0.230 973
15	119.123 125	29.309 017	0.104 536
16	119.546 815	29.422 030	0.058 966
17	119.049 442	29.262 294	0.035 739
18	119.529 808	29.612 381	0.098 274
19	119.490 075	29.553 117	0.093 101
20	119.602 897	29.534 106	0.082 756

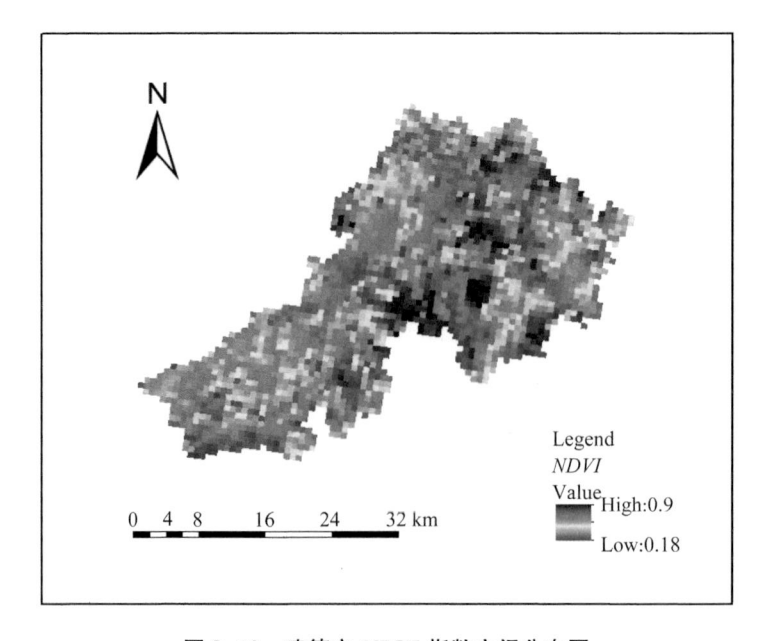

图 3-10 建德市 *NDVI* 指数空间分布图

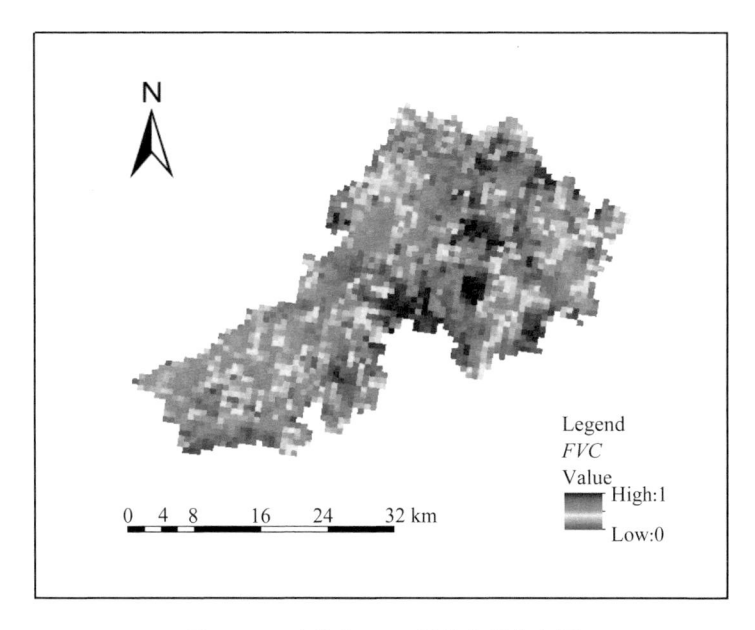

图 3-11　建德市 *FVC* 指数空间分布图

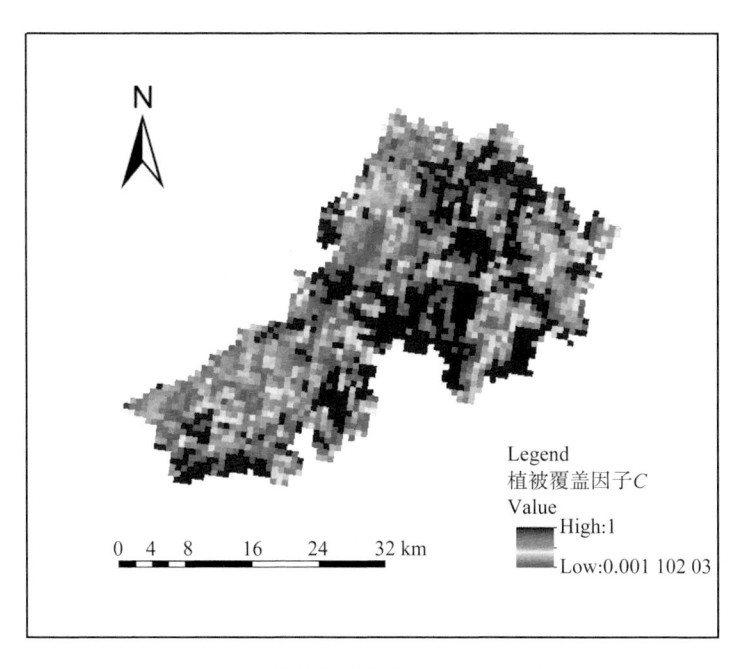

图 3-12　建德市植被覆盖因子 *C* 空间分布图

水土保持措施因子 P 的计算,参照我国水土保持措施 P 值表[13],农田依坡度进行分级赋值[14],如表 3-10、表 3-11、图 3-13 所示。

表 3-10　建德市水土保持措施因子 P 值

坡度(°)	≤5	5~10	10~15	15~20	20~25	>25
P 值	0.11	0.22	0.31	0.58	0.74	0.80

表 3-11　建德市有机基地 P 因子

序号	P 因子	序号	P 因子
1	0.22	12	0.31
2	0.58	13	0.31
3	0.74	14	0.22
4	0.31	15	0.22
5	0.74	16	0.11
6	0.22	17	0.11
7	0.31	18	0.11
8	0.31	19	0.11
10	0.80	20	0.11
11	0.58		

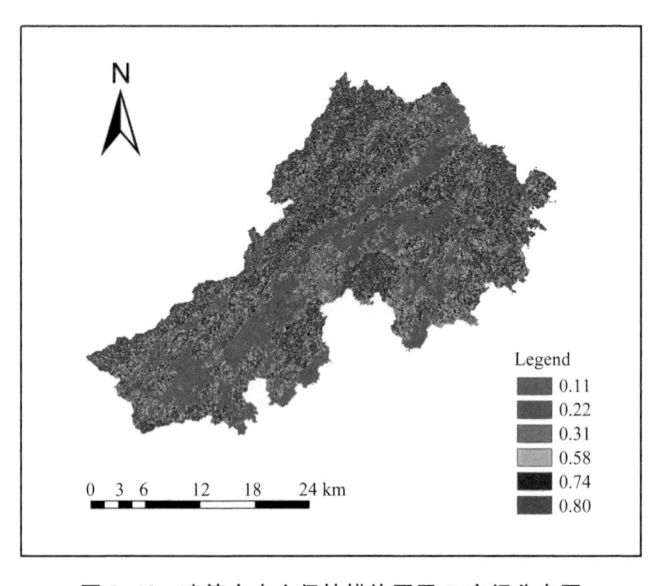

图 3-13　建德市水土保持措施因子 P 空间分布图

土壤保持量的计算公式[15]为：

$$Q_s = \sum S_j(E_{pj} - E_{rj}) \tag{12}$$

式中：Q_s 为土壤保持量，t/a；S_j 为 j 类农作物面积，hm²；E_{pj} 为第 j 类农作物潜在土壤侵蚀模数；E_{rj} 为第 j 类农作物的现实土壤侵蚀模数。

建德市各类产品单位面积土壤保持量和有机基地单位面积土壤保持量分别如表 3-12、表 3-13 所示。

表 3-12 建德市各类产品单位面积土壤保持量

产品类型	种植面积（hm²）	单位面积土壤保持量（t/hm²）
林产品	1 508.01	25 677.66
茶叶	304.67	14 652.04
蔬菜	16.112	9 441.33
粮食类	227.302	11 160.91
中药材	121.26	11 183.62
水果	120.587	6 237.52

表 3-13 建德市有机基地单位面积土壤保持量

序号	基地名称	单位面积土壤保持量（t/hm²）
1	大库湾生态农业	14 217.221 81
2	茶乾坤有机食品	14 773.047 51
3	开农生态科技	13 060.072 66
4	柳村善食农业	9 441.327 141
5	大疆农业	9 601.242 792
6	平坡谷农庄	9 347.484 718
7	五棵松家庭农场	18 175.187 12
8	天羽茶业	21 427.550 3
10	戴家家庭农场	21 631.492 27
11	霞雾农业开发中心	26 755.357 08
12	久晟山林培育基地	36 060.407 94
13	大同益明家庭农场	25 109.323 41

续表

序号	基地名称	单位面积土壤保持量(t/hm²)
14	大同镇稻香小镇	9 007.493 453
15	贵妃家庭农场	18 613.966 28
16	麻车杨梅专业合作社	867.390 716 5
17	博马农业	7 894.451 046
18	老罗果园	1 240.322 546
19	惠丰家庭农场	1 210.858 194
20	圣火农业	4 192.051 492

2.3 固碳释氧功能

大气中的二氧化碳以农产品中的有机碳和土壤有机碳的形式被固定；同时，氧气通过光合作用释放。根据各种作物的水分含量和经济系数，可以计算出不同作物的净初级生产力、固碳量和释氧量[16]。在这些计算中，仅考虑不同作物生长期农田生态系统提供的固碳和释氧服务，而碳在收获和转化为各种生态系统过程中的汇或源效应则被排除在外[17]。本书选用固碳量和释氧量作为生态系统固碳释氧功能的功能量，计算公式[9]如下：

$$NPP = \sum_{i=1}^{n} \frac{Y_i(1-w_i)}{f_i} \tag{13}$$

$$F_C = 1.68 \times NPP \times R_C \tag{14}$$

$$F_O = 1.20 \times NPP \tag{15}$$

式中：NPP 为作物的净初级生产力，单位为 t；Y_i 是第 i 类作物的经济产量，单位为 t；w_i 为第 i 类作物含水量；f_i 为第 i 类作物的经济系数；F_C 为农田生态系统的固碳量，单位为 t；R_C 为 CO_2 中的含量，为 27.27[18]；F_O 为农田生态系统的总氧气释放量，单位为 t。对于农田生态系统的水果和茶叶类农产品的净初级生产力，以疏林、灌木林生物生产力 10.95(t/hm²)·a[19] 为标准进行推算。

建德市各类产品经济系数和含水率如表 3-14 所示。建德市各类固碳和释氧功能量如表3-15所示。

表3-14 建德市各类产品经济系数和含水率

产品类型	经济系数	含水率(%)
林产品	0.426	25
蔬菜	0.500	80
粮食类	0.445	14
中药材	0.100	90

注：表中数据来源于曹兴进[20]。

表3-15 建德市各类产品固碳和释氧功能量

产品类型	固碳量(t)	释氧量(t)	种植面积(hm^2)	经济产量(t)	NPP(t)
林产品	2 458.74	6 440.2	1 508.01	3 048.36	5 366.83
茶叶	1 528.40	4 003.36	304.67	872.18	3 336.14
蔬菜	10.71	28.06	16.11	15.59	23.38
粮食类	982.70	2 573.99	227.30	1 272.70	2 144.99
中药材	167.54	438.84	121.26	48.76	365.70
水果	604.94	1 584.51	120.59	681.59	1 320.43

2.4 文化功能

农业文明发展过程中，农田不仅为人类提供了重要的产业和生计基础，还形成了多样化的农业文化。它为人们提供休闲、娱乐、旅游和回归自然的场所，供大家欣赏田园风光，满足人们特定的审美需求。近年来，随着城市居民对休闲农业的认识和参与程度的不断提高，城郊休闲农业发展迅速，农田生态系统的娱乐和文化服务价值不断提升。

建德市旅游业发展起步较早。在改革开放的大潮中，建德市敏锐地抓住历史先机，大力发展旅游业，20世纪90年代取得了辉煌的成就，成为首批国家级风景名胜区之一。21世纪，建德市的旅游业又上一个新台阶，2001年被评为"中国优秀旅游城市"。通过举办十里荷花节、杭州青岛啤酒节、金秋购物节、新安江旅游节等大型活动，每年都吸引众多游客来游览、品尝和购买有机食品，给有机农业发展带来新的活力和推动力[8]。采用建德市有机农业全年旅游总人次作为文化服务的功能量,根据《2021年建德市国民经济和社会发展统计公报》,建德市农家乐全年接待游客总人次为17.7万人次,结合有机农业占整个农业种植面积的比例,计算得到有机农业生态系统文化服务功能量为3.23万人次。

3 有机农业生态系统生产总值核算

在建德市有机农业生态系统生产总值核算中,生产总值可归为两类:直接价值和间接价值。直接价值主要为产品供给价值,其价值量核算运用市场价值法,在各类产品功能量核算基础上,乘以各自的价格,求和得到;间接价值主要为调节服务价值和文化服务价值,其价值量主要采用替代工程法、碳税法、工业制氧法和旅行费用法等进行核算。

3.1 产品供给价值

以建德市有机食品生产基地为研究对象,2021年为基准年,运用市场价值法进行生态系统物质产品价值的核算。计算公式[9]如下:

$$V_m = \sum_{i=1}^{n}(F_i \times P_i) \tag{16}$$

式中:V_m 为生态系统物质产品价值,单位为元/a;F_i 为第 i 类生态系统产品产量(根据产品的计量单位确定,如kg/a);P_i 为第 i 类生态系统产品的价格(根据产品的计量单位确定,如元/kg)。

建德市2021年有机基地各类农产品产值如表3-16所示。

表3-16 建德市2021年有机基地各类农产品产值

产品类型	产值(万元)
林产品	12 440.44
茶叶	4 051.83
蔬菜	157.00

续表

产品类型	产值(万元)
粮食类	713.29
中药材	10 390.37
水果	3 195.92
水产	492.50
禽类养殖	12.00
总计	31 453.35

3.2 土壤保持价值

生态系统土壤保持价值是指生态系统通过减少土壤侵蚀形成的生态效应所产生的价值。本书运用替代工程法,利用土壤容重和挖运土壤所需费用计算固土价值量;根据土壤保持量和土壤中 N、P 的含量,通过环境工程降解成本计算减少面源污染价值;根据土壤保持量和土壤中有机质的含量以及农田土壤有机质的价格,计算得出土壤有机质保持价值。计算公式[15, 21]如下:

固土价值:

$$V_g = Q_S \times M/\rho \tag{17}$$

式中:V_g 为固土价值量,单位为元/固;Q_S 为土壤保持量,单位为 kg;ρ 为土壤容重,单位为 kg/m³;M 为挖运土壤所需费用,单位为元/m³,取值 21.8 元/m³[15]。

减少 N、P 面源污染和保持土壤有机质价值:

$$V_j = Q_S(NC_1 + PC_1 + OM \times C_3) \tag{18}$$

式中:V_j 为减少面源污染和保持土壤有机质价值量,单位为元;N 为农田土壤平均含氮量,单位为%;C_1 为氮的环境工程降解成本,单位为元/t;P 为农田土壤平均含磷量,单位为%;C_2 为磷的环境工程降解成本,单位为元/t;OM 为农田土壤有机质含量,单位为%;C_3 为有机质价格,单位为元/t。N、P 环境降解成本分别为 1 750 元/t、2 800 元/t;有机质折算有机肥的比例为 100∶40,有机肥价格为 500 元/t[15]。

建德市有机基地土壤容重和 N、P 含量如表 3-17 所示,建德市 2021 年有机基地各类农产品土壤保持价值如表 3-18 所示。

表 3-17 建德市有机基地土壤容重和 N、P 含量

序号	平均含氮量(%)	平均含磷量(%)	容重(g/cm³)
1	0.000 873 73	0.001 025 937	1.13
2	0.001 329 023	0.002 815 67	1.15
3	0.005 118 299	0.002 884 632	1.21
4	0.001 049 494	0.004 516 211	1.13
5	0.000 403 442	0.000 422 905	1.32
6	0.002 651 396	0.004 822 947	1.16
7	0.001 162 6	0.000 411 811	1.09
8	0.001 576 638	0.003 772 863	1.04
10	0.023 021 065	0.003 322 547	1.22
11	0.000 864 427	0.001 430 568	1.14
12	0.000 395 408	0.000 238 211	1.20
13	0.001 566 534	0.000 567 137	1.28
14	0.001 973 2	0.000 953 168	1.27
15	0.004 946 974	0.000 742 695	1.24
16	0.000 515 092	0.000 650 891	1.19
17	0.000 445 604	0.000 365 691	1.29
18	0.017 183 274	0.002 48	1.21
19	0.000 257 137	0.000 341 979	1.44
20	0.001 233 124	0.001 128 4	1.29

表 3-18 建德市 2021 年有机基地各类农产品土壤保持价值

产品类型	减少 N 面源污染价值（万元）	减少 P 面源污染价值（万元）	固土价值（万元）	保持有机质价值（万元）
林产品	4 819.280	9 738.890	72 959.666	252 789.733
茶叶	2 084.914	4 467.286	8 536.491	39 162.289
蔬菜	27.938	192.360	293.468	1 257.288
粮食类	499.177	488.325	4 287.160	15 127.858

续表

产品类型	减少N面源污染价值（万元）	减少P面源污染价值（万元）	固土价值（万元）	保持有机质价值（万元）
中药材	72.277	74.347	631.634	2 773.074
水果	1 348.422	357.788	1 296.218	3 144.319
总计	8 852.009	15 318.996	88 004.638	314 254.561

3.3 固碳释氧价值

农田把大气中的 CO_2 以农产品生物量的形式固定在植物体和土壤中,根据光合作用方程式,每生产 1 t 植物干物质可以吸收 1.62 t CO_2,释放出 1.2 t O_2。基于核算的固碳释氧功能的功能量,即固碳量和释氧量,通过碳税法、工业制氧法等计算建德市有机农业生态系统的碳固定服务和氧释放服务的价值量。计算公式[9]如下:

$$V_C = 1.68 \times NPP \times R_C \times P_C \quad (19)$$

$$V_O = 1.20 \times NPP \times P_O \quad (20)$$

式中: V_C 为农田生态系统的固碳价值量,单位为元; P_C 为固碳价格,单位为元/t; R_C 为 CO_2 中的含量,为 27.27%[18]; V_O 为农田生态系统的总氧气释放服务价值量,单位为元; P_O 为氧气生产成本,单位为元/t。固碳价格取值参照国际上通用的碳汇交易价格,瑞典碳税率为 150 元/t,折合人民币约为 1 050 元/t,制氧价格取 1 000 元/t[15]。

表 3-19 建德市 2021 年有机基地各类农产品固碳释氧价值

产品类型	固碳价值(万元)	释氧价值(万元)
林产品	258.168	644.02
茶叶	160.482	400.336
蔬菜	1.125	2.806
粮食类	103.183	257.399
中药材	17.592	43.884

续表

产品类型	固碳价值(万元)	释氧价值(万元)
水果	63.518	158.451
总计	604.068	1 506.896

3.4 文化服务价值

根据《2021年建德市国民经济和社会发展统计公报》,建德市农家乐全年经营总收入为5 401万元,结合有机农业占整个农业种植面积的百分比,计算得到建德市有机农业文化功能价值为984.47万元。

4 有机农业生态系统生产总值评估分析

4.1 总价值评估分析

根据表3-20的计算结果可知,2021年建德市有机农业生态系统生产总值为460 979.00万元,三大功能类型价值量从大到小排序为调节服务＞生产服务＞文化服务。其中调节服务价值为428 541.18万元,占总价值的比例最大,达到92.96%;文化服务价值最小,为984.47万元,仅占总价值的0.21%。

表3-20　2021年建德市有机农业生态系统生产总值

服务类型	服务功能	功能指标	功能量	价值量(万元)
生产服务	食物生产	农产品(t)	6 048.54	31 453.35
调节服务	固碳释氧	固定二氧化碳(t)	6 683.37	604.07
		氧气生产(t)	12 594.00	1 506.90
	土壤保持	固土(t)	756 860.48	88 004.64
		减少N面源污染(t)	47 890.12	8 852.01
		减少P面源污染(t)	54 710.70	15 319.00
		保持土壤有机质(t)	1 257 018.84	314 254.56
	调节服务总计		2 135 756.91	428 541.18

续表

服务类型	服务功能	功能指标	功能量	价值量(万元)
文化服务	休闲旅游	旅游观光(万人次)	3.23	984.47
总计				460 979.00

4.2 有机生产类型的服务功能价值对比分析

（1）供给功能。由表3-21可以看出，产品供给功能价值中从大到小排序为有机林产品＞中药材＞茶叶＞水果＞粮食类＞水产＞蔬菜＞禽类养殖。各类有机产品之间差值较大，最大的有机林产品价值为12 440.44万元，占总产品供给功能价值的39.55%，其次为有机中药材，比例达到33.03%，其余产品占比均在15%以下。主要原因为建德市林产品种植区多位于山地，其种植面积和产量较大。2021年，有机林产品的种植面积达到1 508.01 hm^2，产量为3 048.36 t，均居于首位；有机中药材近年来的生产规模有所扩大，同时又因为具有较高的药用价值，产品价格较高，这是其生产服务价值提高的主要原因。

表3-21 2021年建德市有机农业各类农产品服务功能价值

产品类型	功能类型	服务功能	功能指标	功能量	价值量(万元)
林产品	供给功能	食物生产	农产品(t)	3 048.36	12 440.44
	调节功能	固碳释氧	固定二氧化碳(t)	2 458.74	258.17
			氧气生产(t)	6 440.20	644.02
		土壤保持	固土(t)	630 593.49	72 959.67
			减少N面源污染(t)	27 538.74	4 819.28
			减少P面源污染(t)	34 781.75	9 738.89
			保持土壤有机质(t)	1 011 158.93	252 789.73
茶叶	供给功能	食物生产	农产品(t)	872.18	4 051.83
	调节功能	固碳释氧	固定二氧化碳(t)	2 458.74	160.48
			氧气生产(t)	1 528.40	400.34
		土壤保持	固土(t)	74 881.50	8 536.49
			减少N面源污染(t)	11 913.80	2 084.91
			减少P面源污染(t)	15 954.59	4 467.29
			保持土壤有机质(t)	156 649.15	39 162.29

续表

产品类型	功能类型	服务功能	功能指标	功能量	价值量(万元)
蔬菜	供给功能	食物生产	农产品(t)	15.59	157.00
蔬菜	调节功能	固碳释氧	固定二氧化碳(t)	10.71	1.13
蔬菜	调节功能	固碳释氧	氧气生产(t)	28.06	2.81
蔬菜	调节功能	土壤保持	固土(t)	2 597.06	293.47
蔬菜	调节功能	土壤保持	减少N面源污染(t)	159.65	27.94
蔬菜	调节功能	土壤保持	减少P面源污染(t)	687.00	192.36
蔬菜	调节功能	土壤保持	保持土壤有机质(t)	5 029.15	1 257.29
粮食类	供给功能	食物生产	农产品(t)	1 272.70	713.29
粮食类	调节功能	固碳释氧	固定二氧化碳(t)	982.70	103.18
粮食类	调节功能	固碳释氧	氧气生产(t)	2 573.99	257.40
粮食类	调节功能	土壤保持	固土(t)	33 233.80	4 287.16
粮食类	调节功能	土壤保持	减少N面源污染(t)	159.65	499.18
粮食类	调节功能	土壤保持	减少P面源污染(t)	1 744.02	488.33
粮食类	调节功能	土壤保持	保持土壤有机质(t)	60 511.43	15 127.86
中药材	供给功能	食物生产	农产品(t)	48.76	10 390.37
中药材	调节功能	固碳释氧	固定二氧化碳(t)	167.54	17.59
中药材	调节功能	固碳释氧	氧气生产(t)	438.84	43.88
中药材	调节功能	土壤保持	固土(t)	5 307.85	631.63
中药材	调节功能	土壤保持	减少N面源污染(t)	413.01	72.28
中药材	调节功能	土壤保持	减少P面源污染(t)	265.53	74.35
中药材	调节功能	土壤保持	保持土壤有机质(t)	11 092.30	2 773.07
水果	供给功能	食物生产	农产品(t)	681.59	3 195.92
水果	调节功能	固碳释氧	固定二氧化碳(t)	604.94	63.52
水果	调节功能	固碳释氧	氧气生产(t)	1 584.51	158.45
水果	调节功能	土壤保持	固土(t)	10 246.78	1 296.22
水果	调节功能	土壤保持	减少N面源污染(t)	7 705.27	1 348.42
水果	调节功能	土壤保持	减少P面源污染(t)	1 277.82	357.79
水果	调节功能	土壤保持	保持土壤有机质(t)	12 577.28	3 144.32
水产	供给功能	食物生产	农产品(t)	108.48	492.50
禽类养殖	供给功能	食物生产	农产品(t)	0.90	12.00
有机农业	文化功能	休闲旅游	旅游观光(万人次)	3.23	984.47

(2) 调节功能。调节功能价值中从大到小排序为林产品＞茶叶＞粮食类＞水果＞中药材＞蔬菜。最大的林产品价值为 341 209.76 万元，占总调节功能价值的 79.62%，其次为茶叶，所占比例为 12.79%，其余产品占比均在 10% 以下。分析其原因主要是林产品和茶叶的种植密度大，两者在固碳释氧、减少面源污染和有机质保持方面均比其他产品有优势，所以调节功能价值比其他产品要高。

(3) 文化功能。各类产品中水果和中药材相较于其他类别产品有明显的休闲旅游价值和研学价值。休闲旅游中，"建德苞茶"获中国首个气候优质产品，"千岛银珍"牌有机茶获中国驰名商标，有机蓝莓采摘游、有机石斛认养等带动建德养生休闲旅游产业不断发展。据《钱江晚报》《今日建德》等相关新闻报道，杭州九仙石斛基地 2015 年共接待来自上海、江苏、浙江等地游客近万人次；2017 年，该基地组织游客 3.5 万人次，实现产值 2 000 万元，为周边旅游点输送游客 10 万人次，带动旅游消费 4 000 万元，充分实现了一二三产融合发展。在水果采摘方面，建德下涯镇马目村平坡谷上蓝莓基地建筑面积达 4 000 m²，含产能 3 000 t 蓝莓果汁饮料和蓝莓果酱生产线一条；200 m³ 水果保鲜库、冻库各一座；游客接待中心 300 m²；拥有能接待 400 余人同时就餐的农家主题餐厅。公司还配有大小停车场 7 处近 8 000 m²。2—5 月是下涯镇的草莓＋茶叶采摘观光体验游季，6—9 月为蓝莓采摘＋摄影采风体验游季，9—12 月为户外康养体验游季，12—2 月为年货采购体验游季。江湾村目前已有十户农户将自家房屋改造成民宿，平时入住率达到 60%，年收入每户增收 5 万元。2014 年，由建德市农办牵头，对首批纳入果蔬乐园的艾利斯玫瑰、红群草莓、江南春堂铁皮石斛、平坡谷有机蓝莓、红地球葡萄、春江源柑橘 6 大果蔬采摘基地统一设计改造，将多个品牌融合在一起打造了建德市第一个乡村旅游品牌——"建德果蔬乐园"。在建德，有 8 000 余户近 2 万人从事草莓产业，种植面积达 6.7 万余亩。为了保证"建德果蔬乐园"的含金量，建德市引入国家 A 级景区标准，制订了《基地星级评定标准》，从接待设施、运营服务、基地特色、安全管理、基地效益五个方面，对各果蔬基地实行严格的定标评级，按 1 星级到 5 星级的果蔬乐园基地评定标准，确保基地发展质量。在研学价值方面，位于杨桥村镇的五棵松家庭农场种植的金线莲具有非常高的药用价值，该基地现有205亩林地，被列为浙江农林大学金线莲试验示范基地、浙江农林大学学生校外实践基地、浙江农林大学中药学专业教学科研实习基地。

有机农业生态系统除了最基本的生态食品供给功能外，更具有生态调节和文化服务等生态产品供给功能。为了探索计算建德市有机农业生态系统生产总值，初步构建建德市有机农业生态系统服务功能评价指标体系，估算建德市有机农业生态系统服务功能的经济价值。2021年，建德市有机农业生态系统生产总值为460 979.00万元，其中调节服务价值为428 541.18万元，占比92.96%；有机农产品价值为31 453.35万元，占比6.82%。通过定期核算建德市有机农业生态系统生产总值，可提高大众对有机农业生态系统的认知程度，为有机食品发展赋能生态环境保护、实现"共同富裕"提供数据支撑，同时也为建德市有关部门制定有机产业政策提供科学依据。

第四章

建德市有机农田生物多样性调查

生物多样性是生态安全的基础及生态环境质量的重要指标。农业生物多样性是生物多样性的重要组成部分，在保障粮食安全、耕地生态健康和应对气候变化等方面发挥着重要作用[22-23]。有机农田生物多样性的丰富度可以侧面衡量有机农业生态系统调节服务功能价值和效果。

当今社会，集约化的农业管理中对化学农药的大量应用导致农业生态环境简单化，这已成为农业生物多样性降低的主要原因之一，严重制约了农业的可持续健康发展[24-25]。2000年世界自然保护联盟（IUCN）濒危物种红名单指出，生境丧失是威胁生物多样性的主要因素，农业活动影响到70%的濒危鸟类和49%的植物物种。

有机农业提倡"天人合一，物土不二"和"与自然秩序相和谐"的哲学理念，注重物种多样性的保护。与常规种植相比，有机种植在生产过程中禁止使用化学合成的农药、化肥、生长调节剂等物质，采用农作物间作、轮作等农田管理措施以及生物、物理方式防治病虫害，有利于农田生态系统的平衡与修复、降低害虫发生频次，对保护农业生物多样性具有重要作用[26-29]。

2019年8月和2022年6月，生态环境部南京环境科学研究所联合南京师范大学分别组织相关专业人员对建德市杨梅、香榧、茶叶的有机种植与常规种植基地进行了动物多样性调查；2022年6月，单独对大同镇有机水稻种植基地进行了生物多样性调研，本次重点调查的是动物多样性。调查采用样点法和样线法，每个种植基地均调查约2 km样线（记录样线左右各2 m范围内的节肢动物、两栖爬行动物等，以及灵活采用不限宽度、固定宽度和可变宽度3种方法记录鸟类、哺乳动物等）。通过采集（节肢动物辅助用气网和扫网网捕）、拍照和观察对动物种类进行定性分析，通过计算物种丰度、均匀度、辛普森指数和香农—维纳指数进行定量比较分析。

多样性参数：λ、H'和J分别代表辛普森指数、香农-维纳指数和均匀度。

计算公式如下：

$$\lambda = \sum P_i 2 \quad (i=1,2,3,\cdots,S) \tag{1}$$

式中：P_i是群落中第i个物种的个体数（N_i）与所有物种个体总数（N）的比值。

$$H' = -\sum P_i \log P_i (i = 1, 2, 3, \cdots, S) \quad (2)$$

式中的 P_i 和 S 与辛普森指数中的对应符号同义。

$$J = H'/H'_{max} \quad (3)$$

式中的 J 代表均匀度，H'_{max} 表示 H' 的理论最大值。实际计算时，一般用 $\log S$ 替代 H'_{max}。

1 调查基地概况

建德市境内生物资源丰富，已记录有森林树种 700 余种，药用植物 700 多种，动物近 300 种，其中有 44 种动植物资源属国家重点保护对象。杨梅、茶叶、香榧和水稻在建德市具有悠久的栽培历史，是建德市代表性经济作物和特色农业产业，且部分基地有机认证时限较长，有机生产基地管理较规范，生态、经济和社会效益逐步显现。

生物多样性调查区域主要选择建德市大洋镇麻车村杨梅种植基地、三都镇东方村香榧种植基地、梅城镇滨江村茶叶种植基地和大同镇有机水稻种植基地（图 4-1），比较有机种植基地与常规种植基地之间的动物资源差异情况。

2 调查方法

调查采取样点、样线相结合的方法，取样强度根据地形和调查难度控制在 1%～3% 之间，样线宽根据类群和样地实情不同而设定。调查时使用 1∶1 万地形图，运用 GIS 技术，记录每次调查样线具体起始点、终点（图 4-2、图 4-3）。不同生物类群的所有调查方法及技术手段均按照相关调查技术标准执行，具体如下：

(1)《中国生物多样性保护行动计划》

(2)《全国生物物种资源保护与利用规划纲要》

(3)《中国生物多样性保护战略与行动计划(2011—2030 年)》

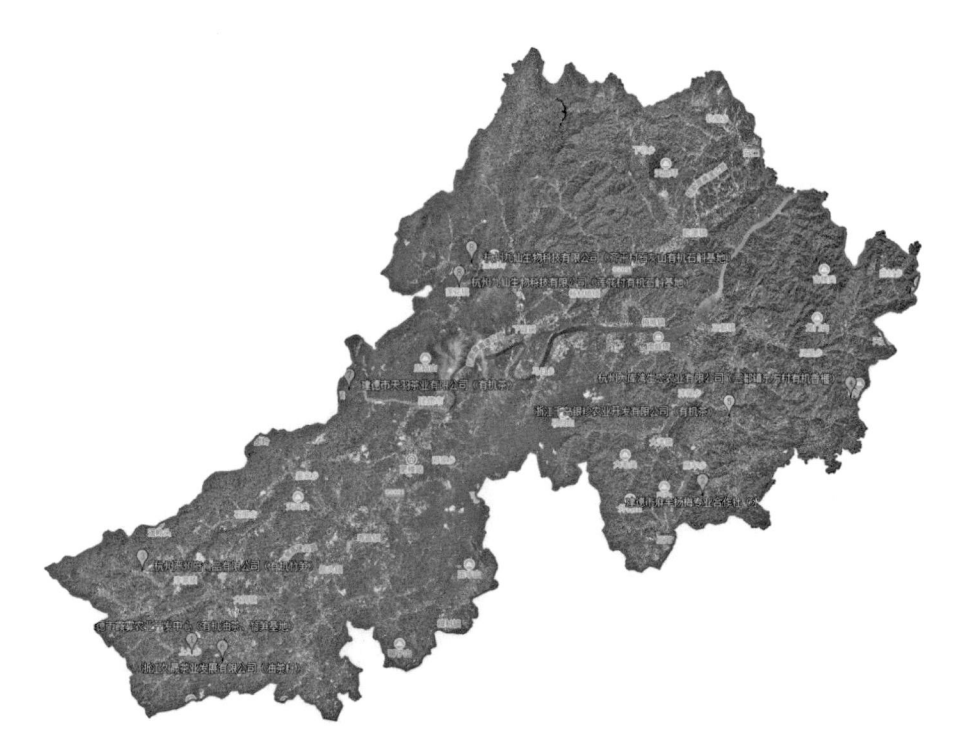

图 4-1 建德有机农田生物多样性调查基地分布

(4)《生物多样性观测技术导则 陆生哺乳动物》(HJ 710.3—2014)

(5)《生物多样性观测技术导则 鸟类》(HJ 710.4—2014)

(6)《生物多样性观测技术导则 爬行动物》(HJ 710.5—2014)

(7)《生物多样性观测技术导则 蝴蝶》(HJ 710.9—2014)

(8)《生物多样性观测技术导则 两栖动物》(HJ 710.6—2014)

(9)《生态环境状况评价技术规范(试行)》(HJ/T 192—2006)

(10)《中华人民共和国野生动物保护法》

(11)《中华人民共和国陆生野生动物保护实施条例》

(12)《濒危野生动植物种国际贸易公约》

(13)《全国生态环境建设规划》

(14)《全国生态环境保护纲要》

(15)《中华人民共和国环境保护法》

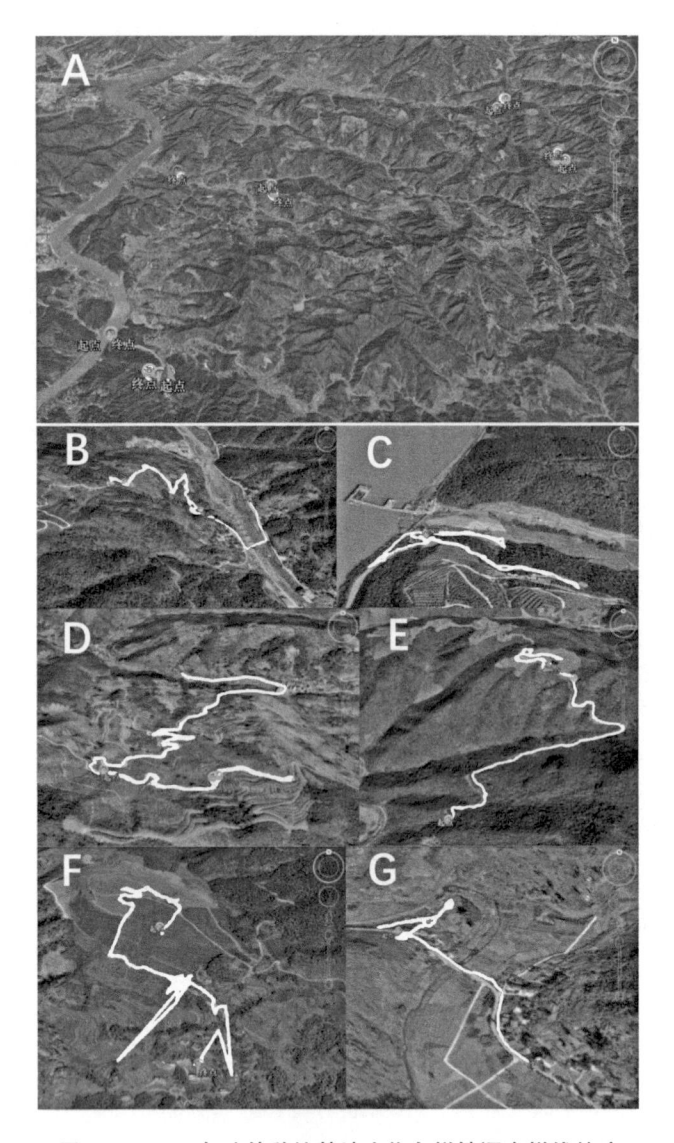

图 4-2　2019 年建德种植基地生物多样性调查样线航迹

A. 三个种植基地的有机、常规种植区域动物资源调查轨迹；B. 大洋镇麻车村有机杨梅种植基地动物资源调查轨迹；C. 大洋镇麻车村杨梅常规种植基地动物资源调查轨迹；D. 三都镇东方村香榧有机种植基地动物资源调查轨迹；E. 三都镇东方村香榧常规种植基地动物资源调查轨迹；F. 梅城镇滨江村有机茶种植基地动物资源调查轨迹；G. 梅城镇滨江村常规茶种植基地动物资源调查轨迹

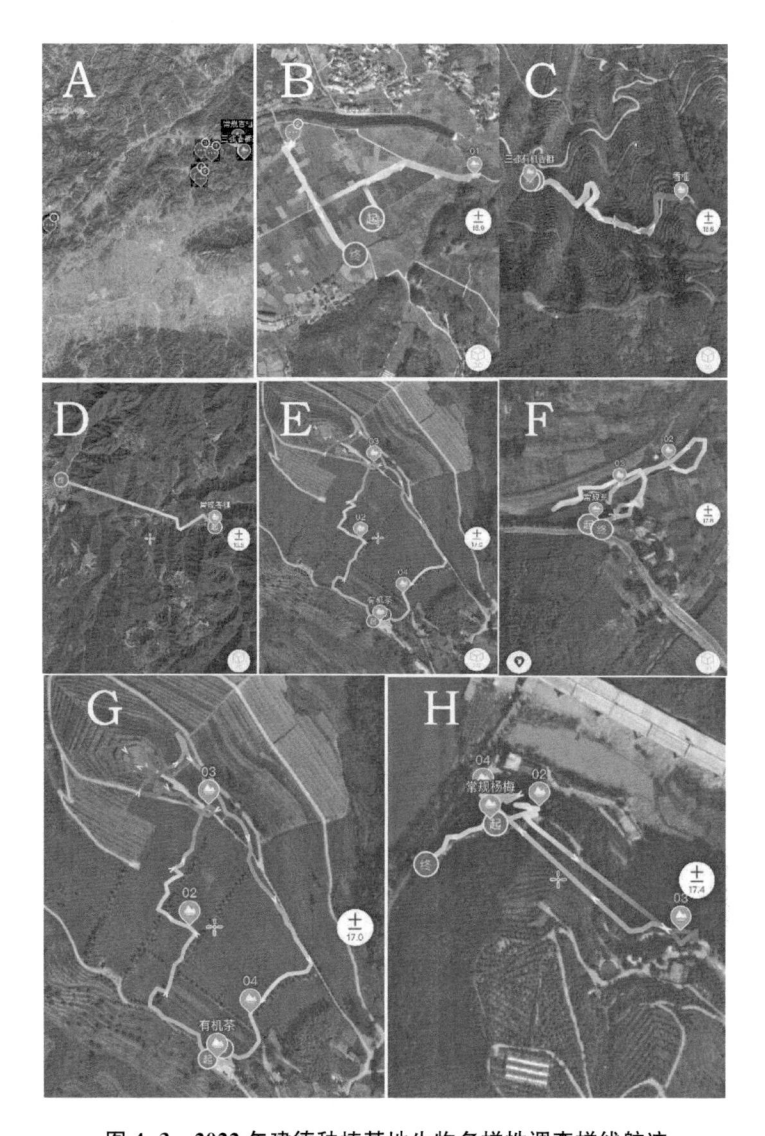

图 4-3　2022 年建德种植基地生物多样性调查样线航迹

A. 4 个种植基地的有机、常规种植区域动物资源调查轨迹；B. 大同镇有机水稻种植基地动物资源调查轨迹；C. 三都镇东方村有机香榧种植基地动物资源调查轨迹；D. 三都镇东方村常规香榧种植基地动物资源调查轨迹；E. 梅城镇滨江村有机茶种植基地动物资源调查轨迹；F. 梅城镇滨江村常规茶种植基地动物资源调查轨迹；G. 大洋镇麻车村有机杨梅种植基地动物资源调查轨迹；H. 大洋镇麻车村常规杨梅种植基地动物资源调查轨迹哺乳动物的调查依据《生物多样性观测技术导则 陆生哺乳动物》(HJ 710.3—2014),沿样线步行,匀速前进。步行速度约为 2 km/h。记录哺乳动物活动或存留足迹、粪便、爪印等,准确记录出现的哺乳动物种类和数量;同时结合访谈调查,掌握调查区域内的物种组成及分布的历史记录。

鸟类调查根据样线两侧观察范围的限定,灵活采用不限宽度、固定宽度和可变宽度的3种方法。行进期间记录物种和个体数量,通常每条样线2～3人合作完成。

两栖爬行动物调查分别按照《生物多样性观测技术导则 两栖动物》(HJ 710.6—2014)和《生物多样性观测技术导则 爬行动物》(HJ 710.5—2014)进行。样线法观测时行进速度基本保持在 2 km/h,行进期间记录物种和个体数量,2人一组,样线左右各1人观测种类和数量并记录。调查过程中捕获的两栖爬行动物能鉴定的物种在拍照后均现场放生。

采用样线法、样点法结合诱捕方式(种植基地安置的灯诱装置)对无脊椎动物进行调查。采用气网、扫网采集空中飞行或停息在植物叶片、枝条上的昆虫,也用于在植物丛中扫网以采集隐藏在其中的昆虫,并根据技术规程的要求进行野外数据记录。蝶类调查记录样线左右 2.5 m、上方 5 m、前方 5 m 范围内见到的所有蝴蝶的种类和数量。对于不能确定的种类,网捕后酒精瓶保存带回实验室进行鉴定。本书调查未涉及土壤动物和鱼类、底栖动物、浮游动物等水生生物,主要调查经济作物种植基地区域及周边范围内的陆生昆虫与陆生脊椎动物。

3 调查结果

经过外业踏查,建德代表性经济作物种植基地(有机种植与常规种植)的生物多样性初步调查结果如下(表 4-1、表 4-2、图 4-4):

3.1 杨梅种植基地调查结果

2019 年,大洋镇麻车村有机杨梅种植基地调查记录动物包括节肢动物、两栖动物、爬行动物、鸟类和哺乳动物共 6 纲 16 目 92 种,其中节肢动物 2 纲 8 目 72 种(占发现动物总种数的 78.26%),其他动物 4 纲 8 目 20 种(占 21.74%)。有机杨梅种植基地苎麻珍蝶、日本弓背蚁、中华小家蚁、天蛾、黄蜻、棕头鸦雀、麻雀数量均较多。而常规杨梅种植基地共记录到节肢动物、鸟类和爬行动物等共计 5 纲 13 目 33 种,其中节肢动物 2 纲 7 目 22 种(占发现动物总种数的 66.67%),常规杨梅基地中稻缘蝽、稻棘缘蝽等半翅目害虫较多。

表 4-1　建德市种植基地生物多样性调查动物数量(2019 年)　单位:头、只

	节肢动物	两栖动物	爬行动物	鸟类	哺乳动物
有机杨梅	543	33	2	70	3
常规杨梅	101	0	1	39	2
有机香榧	725	2	3	68	13
常规香榧	116	0	0	10	0
有机茶	444	2	0	69	2
常规茶	282	0	0	13	1

表 4-2　建德市种植基地生物多样性调查物种数量

	2019 年	2022 年
有机杨梅基地	6 纲 16 目 92 种	6 纲 21 目 168 种
常规杨梅基地	5 纲 13 目 33 种	6 纲 17 目 62 种
有机香榧	7 纲 15 目 92 种	6 纲 22 目 169 种
常规香榧	2 纲 8 目 19 种	5 纲 12 目 63 种
有机茶	5 纲 13 目 51 种	9 纲 25 目 148 种
常规茶	3 纲 10 目 24 种	7 纲 17 目 99 种

2022 年,大洋镇麻车村有机杨梅种植基地调查记录到的动物有节肢动物、两栖动物、爬行动物、鸟类和哺乳动物共 6 纲 21 目 168 种,其中节肢动物 1 纲 9 目 133 种(占发现动物总种数的 79.17%),其他动物 5 纲 12 目 35 种(占 20.83%)。有机杨梅种植基地菜粉蝶、蜜蜂、日本弓背蚁、黑带食蚜蝇、夜鹭、白头鹎、棕头鸦雀、麻雀种群数量大。而常规杨梅种植基地共记录到节肢

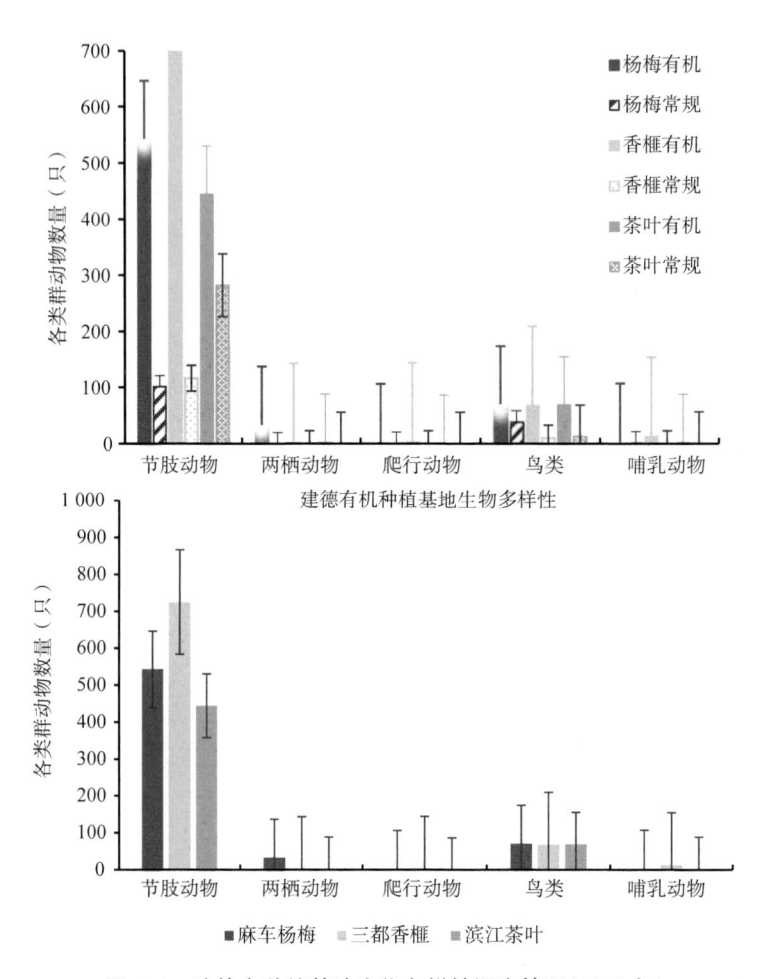

图 4-4 建德市种植基地生物多样性调查情况（2019 年）

动物、鸟类和爬行动物等共计 6 纲 17 目 62 种，其中节肢动物 2 纲 7 目 43 种（占发现动物总种数的 69.35%），常规杨梅基地椿象、叶甲等作物害虫种群数量明显比例较高。

通过对 2019 和 2022 年调查结果对比分析：大洋镇麻车村有机杨梅种植基地紧邻山林，植被丰富，生境相对完好，物种多样性明显丰富，食物链维持较好。而常规杨梅种植基地相对种植规模要小，植被丰富度不如有机种植基地，加上受人为干扰较多，物种多样性及种群数量（部分种类害虫除外）低于有机种植基地。

3.2 香榧种植基地调查结果

2019年,三都镇东方村有机香榧种植基地调查记录有环节动物、节肢动物、两栖动物、爬行动物、鸟类、哺乳动物等共7纲15目92种,其中节肢动物3纲9目79种(占发现动物总种数的85.87%),其他动物4纲6目13种(占14.13%)。基地中腹露蝗、苎麻珍蝶、线蛱蝶、眼蝶、东方蜜蜂等数量较多,尤以腹露蝗种群数量相对占优。而常规香榧种植基地中的动物种类共2纲8目19种,物种数及种群数量均相对较少,可能与常规栽培基地经常使用除草剂、杀虫剂等有关。

2022年,三都镇东方村有机香榧种植基地调查记录有节肢动物、两栖动物、爬行动物、鸟类、哺乳动物等共6纲22目169种,其中节肢动物2纲12目139种(占发现动物总种数的82.25%),其他动物4纲10目30种(占17.75%)。基地中腹露蝗、黑带食蚜蝇、线蛱蝶、多种蚂蚁、各类访花昆虫等数量较多,特别是黑带食蚜蝇种群数量明显高于其他动物类群。而常规香榧种植基地记录动物共5纲12目63种,其中节肢动物2纲8目51种(占发现动物总种数的80.95%),其他陆生脊椎动物3纲4目12种,物种数及种群数量均较少,可能与常规种植基地人为活动较多(杂草清除、间种农作物等),且与基地中使用较多的除草剂、杀虫剂等有关。

3.3 茶叶种植基地调查结果

2019年,梅城镇滨江村有机茶叶种植基地调查记录到的动物有节肢动物、两栖动物、鸟类和哺乳动物等共5纲13目51种,其中节肢动物2纲9目41种(占发现动物总种数的80.39%)。常规茶叶种植基地共记录3纲10目24种。茶叶基地的物种数及种群数量均相对较少,可能与其较大面积的单一植被(茶树)有关(大型树木较少),昆虫的寄主植物较少,对应的食物链上其他物种也较少,茶园不利于树栖性的物种繁衍;茶园较频繁的人类活动(放牧羊、修建、除草等)也对物种的繁殖有较多干扰,但茶树虫害也相对较少。

2022年,梅城镇滨江村有机茶叶种植基地调查记录到的动物有节肢动物、两栖动物、爬行动物、鸟类和哺乳动物等共9纲25目93科148种,其中节肢动物5纲15目123种(占发现动物总种数的83.11%),其他动物4纲10目25种(占16.89%)。常规种植基地共记录各类动物7纲17目99种,其中节肢动物3纲10目80种(占发现动物总种数的80.81%)。有机茶叶基地的物种数及种群数量与2019年调查结果相比有很大提升,可能是由于基地地处于山林,周边林地及农业用地植被丰富,动物的食源丰富,食物链较为稳定。常规茶园基地也邻近山林,周边河流、农田、树木、开花植物等各类生境及食源丰富,虽人为干扰较多(除草、施肥施药等),但物种丰富度及种群数量也较高。与2019年调查结果相比,有机茶叶种植基地与常规种植基地的节肢动物在所有记录到的动物类群中占比维持稳定,说明茶叶基地生态环境总体稳定向好,生物多样性健康稳定提升。

3.4 水稻种植基地调查结果

2022年,大同镇有机水稻种植基地调查记录到的动物有节肢动物、两栖动物、鸟类和哺乳动物等共8纲18目110种,其中节肢动物4纲10目87种(占发现动物总种数的79.09%)。有机稻田基地毗邻山林,周边具有众多沟渠、池塘、开花植物等微生境,能为各类生物生存提供较好的栖息地。水稻基地人工除草、稻鸭共作、稻黍间作等种养和管理模式对病虫害控制有良好作用。

在以上经济作物基地调查记录的部分动物图例如图4-5所示。

豹蛱蝶 *Argynnis hyperbius*　　　琉璃蛱蝶 *Kaniska canace*

第四章
建德市有机农田生物多样性调查

黑蚱蝉 *Cryptotympana atrata*

碧凤蝶 *Papilio bianor*

蓝灰蝶 *Everes argiades*

细纹新蝎蛉 *Neopanorpa ophthalmica*

玉带蜻 *Pseudothemis zonata*

晓褐蜻 *Trithemis aurora*

美眼蛱蝶 *Junonia almanac*

苎麻珍蝶 *Acraea issoria*

七星瓢虫 *Coccinella septempunctata*

丝光绿蝇 *Lucilia sericata*

双斑青步甲香港亚种 *Chlaenius bimaculatus lynx*

麦氏马蜂 *Polistes megei*

第四章 建德市有机农田生物多样性调查

北草蜥 *Takydromus septentrionalis*

中华蟾蜍 *Bufo gargarizans*

茶扁角叶甲 *Platycorynus igneicollis*

亚麻蝇 *Parasarcophaga* sp.

菱斑食植瓢虫 *Epilachna insignis*

端黑萤 *Abscondita chinensis*

透翅蛾 *Sesiidae* sp.

红头豆芫菁 *Epicauta erythrocephala*

褐斑蟌 *Pseudagrion spencei*

白尾灰蜻 *Orthetrum albistylum*

三条熊蜂 *Bombus trifasciatus*

广鹿蛾 *Amata emma*

豆象 *Bruchidius* sp.

红尾水鸲 *Rhyacornis fuliginosus*

宽缘瓢萤叶甲 *Oides maculata*

蓝凤蝶 *Papilio protenor* Cramer

第四章
建德市有机农田生物多样性调查

斐豹蛱蝶 *Argyreus hyperbius*

青凤蝶 *Graphium sarpedon*

领雀嘴鹎 *Spizixos semitorques*

棕背伯劳 *Lanius schach*

牛背鹭 *Bubulcus ibis*

普通翠鸟 *Alcedo atthis*

灰头鸦雀 *Paradoxornis gularis* 　　　大山雀（远东山雀）*Parus major*

泽陆蛙 *Fejervarya multistriata* 　　　黑斑侧褶蛙 *Pelophylax nigromaculata*

图 4-5　典型动物图例

第五章

建德市有机食品产业发展举措与成效

1 产业发展措施

1.1 健全体系强保障

建德市将有机食品产业发展作为一项重点工作来抓。在组织力量上,成立了以市长任组长、分管副市长任副组长,市监、农业农村、林业、生态环保、水利、财政等部门为成员单位的专项工作领导小组,并在杭州市生态环境局建德分局成立有机办,落实专人负责日常工作协调,做到工作"有人抓"。在资金保障上,由市财政全面保障,年初有预算,不足有增加,确保工作"有钱抓"。在推进机制上,把国家有机食品生产基地建设示范市与国家级生态示范区、有机产品认证示范区、浙江省生态市建设有机结合起来,做到齐抓共管、同建同创,高效整合资源,提升绩效,确保工作"有效抓"。

1.2 建规立制强推动

先后制定出台了《建德市有机产业发展规划(2016—2025)》《关于加快现代农业发展实施意见》《关于治理农业面源污染推进生态有机农业发展的意见(试行)》《关于促进建德市有机农业发展的扶持细则》《关于加快推进乡村产业振兴的实施意见》等一系列规划、政策和办法。2021年,《建德市关于共同富裕支持乡村产业高质量发展的实施意见》出台,从制度上对推动有机食品产业发展助力乡村振兴予以保障。建德市每年财政投入约400万元推进有机产业发展,用于鼓励、扶持和补助有机企业发展,对首次进行有机认证的企业补助3万元、复查认证的补助1.5万元;凡通过"国家有机食品生产基地"考核并命名的企业,首次获得一次性奖励20万元;通过有机基地复评的,一次性奖励5万元等。

1.3 部门联动强合力

将责任细化分工到各职能部门和具体工作人员,各职能部门结合各自工作职责，集中人力、物力，实现监管、服务并进，确保有机食品基地生产、有机产业健康有序发展。同时，建立部门联席会议制度，协调国家有机食品生产基地建设示范市创建中的大事、要事，解决示范市建设中存在的困难和问题，齐抓共管，保障各项工作落地实施。市财政局、农业农村局、生态环境局、市场监管局等多次调研讨论有机农业扶持政策。为了示范市建设体现区域特色，建德市打造首批6个有机示范点，各部门在方案制定、建设实施、效果评估等方面各司其职、分工指导、取得实效。市政府将国家有机食品生产基地建设示范试点市建设工作作为市领导六大领衔工作，市有机办每月调度创建工作进展情况，保障创建工作推动实施和有机产业的高质量发展。2019年，杭州市建委牵头、华立集团股份有限公司精准帮扶建立建德市柳村村有机蔬菜基地，成为建德市助推村集体经济消薄增收的重点"造血"项目。

图 5-1　建德市有机示范村建设启动仪式

1.4　跟踪服务强监管

（1）加强监督管理。自2016年起，建德市开展质量强市建设行动计划，大力实施有机认证的监督检查，将认证企业和认证机构纳入统筹监管，把认证证书有效性、标志使用规范性等作为监管重点。对取得有机认证证书的企业,通过签订《有机产品认证企业诚信经营承诺书》、定期开展内部检查、建立自查自纠制度、安装追溯软件等举措,落实企业主体责任,实现实时监管。同时,将联审结果与各项农业补助、奖励资金发放相结合,并邀请12名科技界人士担任有机产品认证示范创建义务监督员,建立健全"多部门联动监管+义务监督员社会监管"机制,进一步完善日常监督管理工作。

(2)加强跟踪服务。为指导企业规范农事管理,帮助企业解决生产经营中遇到的问题,围绕监管要求、认证知识、投入品管理等相关领域,积极引进专家和机构,开展各种形式的培训,近年来已举办培训班30余次,培训人数2 000余人次,覆盖全市所有有机企业。定时发布有关资讯,极大便利了有机企业及意向企业进行业务咨询;同时,实施"农安建德"智慧监管项目建设,强化有机农产品质量安全追溯体系;通过严格的监管服务,全市有机产品企业进退有序,一批管理不善的水果蔬菜及少量茶叶企业认证单位陆续退出有机产品认证,管理较好的企业则持续良好发展。2021年共有有机企业91家,有机产品认证企业未发生一起质量安全事故,抽检合格率100%。

1.5 搭建平台强推广

为更好地推动"建德制造"有机产品走向市场,建德市通过多种方式积极搭建产供销平台,不断提升建德有机产品对外知名度和市场认可度。举办"建德开茶节"等活动,开展有机产品推介。在上海、杭州等地创办建德市名特优产品展示展销中心实体店,展销有机产品。在上海举办休闲农业与乡村旅游推介会,向上海市民推介乡村旅游服务和生态有机的土特产。参展"首届中国(杭州)美丽乡村丰收节",设立有机产品展示专区。与阿里巴巴等第三方专业电子商务服务机构携手,建立"阿里巴巴·建德农食馆",设立建德生态有机农产品网上展示展销中心,扩大有机产品销售范围,开启建德市农业电商化发展的新篇章。通过"果蔬乐园"的形式,将有机种植与休闲旅游、养生相结合,让消费者参与种植过程,深受市内外消费者的喜爱。

2 发展成效

2.1 有机产业生态效益显著

杭州市生态环境局建德分局始终将发展有机农业作为农业农村生态环境保护的重要抓手,实现减污降碳协同增效。通过加强对企业的生产监管,严厉打击一批生产、经营、使用禁用农药的违法行为,净化投入品市场,不断规范企业对投入品的使用,有机农业生产中农药、化肥偷用情况大幅减少。2021年,建德市有机生产面积达到35 201.21亩,产量达6 048.56 t,累计直接减少约903 t化肥、6.5 t化学农药投入,消纳约6.68万t畜禽粪污有机肥,从源头上削减农业面源污染。

建德以有机食品基地建设为抓手,积极开展农田生物多样性保护与调查工作,近年来农田生物多样性保护效果显著。建德市内典型有机种植基地和附近同类作物常规种植基地进行的动物多样性调查结果表明:有机生产基地不仅物种类别优势明显,整体平均个体数量也比常规生产基地多。通过保护性耕作、绿肥种植、秸秆覆盖、绿色防控等有机管理措施和技术的应用,农田生态系统生物多样性保护成效显著,生态环境质量明显提升。

2021年,建德市有机农业生态系统生产总值达46亿,约是有机农产品价值的15倍。其中,发展有机农业产生的固碳释氧、土壤保持的价值达42.8亿。

2.2 有机产业化进程加快

建德是中国有机茶之乡、中国草莓之乡、中国优质柑橘之乡和中国西红花之乡。经过多年发展,建德市优质生态产品供应水平不断增强,形成了以有机茶叶、山茶油、铁皮石斛、香榧、水稻、果蔬等为特色的有机食品产业链。建德市有机产品认证企业从2004年的11家增加到2021年的91家,认证面积达到35 201亩,产值达3.15亿元,有机食品产业逐渐成熟,农民收入逐年增加。在绿色发展战略的实践过程中,建德市坚持"产业生态化、生态产业化"的新发展理念,强化政策引导和支持,把加大有机产品供给、促进绿色发展放在突出位置,形成了有机食品产业高质量发展的内生动力。有机食品属于生态产品的一种高阶形式,建德市优质生态产品的规模化供给能力不断增强,多年来,有机产品供应平均水平达 6 670 t/a。

2.3 引领产业模式创新

建德市积极探索有机食品生产与农业农村生态环境保护相融合发展模式。2021 年,在全国首创"有机食品生产与农村生态环境保护示范村"发展模式。作为主要参与单位,参与起草国家市场监督管理总局、中国认证认可协会团体标准——《乡村振兴 有机村建设要求》。

2022 年,建德市葛塘村率先建设有机食品生产与农村生态环境保护示范村,制定有机村发展规划,引领创新有机食品生产与农村生态环境保护融合发展模式。有机村建设侧重有机生产发展、生态良好、村风文明三个方面,对有机食品种植认证面积占全村种植业面积比重、有机食品一二三产融合度、有机食品发展带动农民增收率、农作物秸秆综合利用率等 16 项内容分别制定具体实施措施和工作计划。村两委制定有机村创建系统工作流程图,构建生产服务保障系统,布局建设有机番薯、有机茶叶、有机果蔬种植和有机鸡养殖等特色有机生产基地。葛塘村充分利用本地自然资源和农业资源,在农村环境保护、生态价值转化、共同富裕实践等方面,结合生态研学等生态服务业,创新发展模式,打造先行先试有机村建设,为全国提供可复制、可推广的共同富裕"建德样本"。

2.4 品牌助推效应不断凸显

早在 2005 年,建德霞雾有机茶籽生产基地获批"国家有机食品生产基地"称号,此后共有 8 家经营主体获此殊荣;2015 年,成为全国首批 9 个"有机产品认证示范区"之一;2019 年,获得"国家有机食品生产基地建设示范市"荣誉称号,在国内知名度不断提高。通过创建国家有机食品生产基地建设示范市、国家有机产品认证示范区,建德市有机企业品牌影响力和产品附加值大幅提升。"千岛银珍"牌有机茶获得中国驰名商标,"千岛银针"茶、"大库湾"香榧被评为浙江省名牌产品,天羽茶业有限公司等4家企业有机产品被评为杭州名牌。"久晟茶业"制定了浙江制造标准,成为标杆式的"建德制造"。

为更好地推动"建德制造"有机食品走向市场,建德市组织各职能部门和有机生产企业,积极搭建产、学、研、供、销平台,制定杭州市级以上有机农产品种植技术标准4个、特色区域品牌团体标准2个,发布有机产品"浙江制造"标准1个(山茶油),产品标准达国际先进、国内一流;申报认证"品字标"丽水山耕品牌自愿性认证8个,共11张证书,大大提升建德有机产品品牌知名度。有机蓝莓采摘游、有机石斛认养等活动推动建德养生休闲旅游产业发展壮大,"建德农食馆"线上推广获得百姓认可,建德的有机茶、有机山茶油已远销欧美。

从2005年起,有机产业已成为建德市农业现代化的标志之一,有机生产基地建设、农业面源污染防治、农田生物多样性保护等工作成效显著,生态环境不断改善,综合效益明显增加,业绩多次被中央电视台、《人民日报》、《中国环境报》(表5-1)等国内主流媒体宣传报道。为全国其他地区发展有机食品产业、高标准建设有机生产基地、农业农村生态环境保护示范、生态价值转化提供"建德案例""建德经验"和"建德样板"。

表 5-1 建德市有机产业、农村环境媒体新闻报道一览表

刊发时间	级别	媒体名称	平台	标题
2021年9月	国家级	全国农村人居环境	微信	浙江建德市:多措并举出实招农村面貌大变样
2021年9月	国家级	全国农村人居环境	微信	浙江建德市:乡村美丽蝶变
2021年9月	国家级	全国农村人居环境	微信	浙江建德市之江村:奇妙雾气美丽江景
2021年9月	国家级	全国农村人居环境	微信	浙江建德市:提升人居环境 擦亮生态底色
2021年7月	省级	浙江新闻	客户端	建德启动有机示范建设 首批"一镇三村"试点出炉
2021年7月	省级	浙江之声	浙江新闻广播FM988	建德开启有机示范建设 "一镇三村"率先试点

第五章 建德市有机食品产业发展举措与成效

续表

刊发时间	级别	媒体名称	平台	标题
2021年7月	国家级	中国食品报网		杭州建德市打造有机食品"一镇三村"先行先试示范样板
2021年7月	省级	《钱江晚报》	小时新闻	建德有机示范建设启动，"一镇三村"先行先试
2021年9月	国家级	中国新闻网		农村人居环境因何成优生？浙江建德书记详解"拳路"
2021年12月	国家级	中央电视台	CCTV-13 新闻直播间	【新闻直播间】浙江建德 全域环境治理 助力乡村振兴
2021年12月	国家级	《人民日报》	第13版	浙江省建德市钦堂乡 整治保护环境 建设美丽乡村
2021年6月	国家级	《人民日报》	客户端 浙江频道	"万物生长 遇建未来"2021第二届长三角大学生"农创日"活动拉开帷幕
2021年6月	国家级	人民网	浙江频道	"万物生长 遇建未来"2021第二届长三角大学生"农创日"活动开幕
2021年4月	国家级	《人民日报》	第14版	挖掘特色 各美其美 浙江启动幸福河湖试点县建设
2021年5月	国家级	《人民日报》	客户端	第四届茶博会｜"百年苞茶·香闻天下" 一起来品味建德苞茶
2021年6月	省级	中国蓝新闻		央视《新闻联播》点赞浙江生态文明建设
2021年6月	国家级	中央电视台	CCTV-13 新闻联播	【在习近平新时代中国特色社会主义思想指引下——生态文明建设实践】走向生态文明新时代 建设美丽中国
2021年6月	国家级	中央电视台	CCTV-13 新闻直播间	杭州建德 加强生态文明建设 打造美丽乡村
2021年6月	国家级	中央电视台	CCTV-17	【中国三农频道】2021年第二届长三角大学生"农创日"活动开幕
2021年6月	省级	《中国环境报》	第8版	做好生态备份 传下物种基因
2021年7月	国家级	中央电视台	CCTV-4	【中国新闻】浙江建德：彩色稻田画"美翻"了
2021年8月	省级	浙江新闻	客户端	富美建德新图景②｜特色农房"筑"出乡村新风貌

续表

刊发时间	级别	媒体名称	平台	标题
2021年9月	省级	浙江新闻	客户端	富美建德新图景丨宜居宜业"奔"向共同富裕
2021年9月	国家级	中国网		从生态美到生活美 寿昌镇以水为笔书写水乡韵味
2021年9月	国家级	中国新闻网		从生态美到生活美 浙江寿昌以"水"为笔书写水乡韵味
2021年9月	国家级	中央电视台	CCTV-17	浙江省建德市寿昌镇——向美而生 开出幸福花
2021年10月	国家级	央视网		浙江建德：推进家庭农场高质量发展
2021年11月	国家级	《人民日报》	第1版	水美山美日子美
2021年11月	省级	《浙江日报》	10版	田野上 村庄里 山水间 浙江在"乡村全域土地整治"上探索共富之路
2021年11月	省级	《浙江日报》	14版	邂逅建德于时光和山水之间
2021年11月	省级	《浙江日报》	14版	着力构建"五大体系"推动农业农村高质量发展 杭州全力打造共同富裕示范区建设的乡村振兴样板
2021年12月	国家级	中央电视台	CCTV-13 新闻直播间	【新闻直播间】浙江建德 全域环境治理 助力乡村振兴
2021年12月	国家级	人民网	浙江频道	富含生态"底色"、彰显发展"成色"、体现地域"特色" 杭州建德亮出"三色"小康成绩单
2021年12月	国家级	《人民日报》	第6版	近年来,浙江省建德市践行绿色发展理念,构建防洪安全、环境宜居的生态治理体系,打造"船在水中行,人在画中游"的生态环境,切实提升群众幸福感和获得感
2021年12月	国家级	中央电视台	CCTV-13 新闻直播间	浙江建德 生态产业赋能 促进农民增收乡村振兴
2020年2月	国家级	人民网		梦幻之江
2020年6月	国家级	《人民日报》		村·绘
2020年10月	国家级	《人民日报》	客户端	浙江建德护林员胡秀忠——30年守护亚洲最大古楠木群

续表

刊发时间	级别	媒体名称	平台	标题
2020年12月	国家级	《人民日报》	客户端	富含生态"底色"、彰显发展"成色"、体现地域"特色" 杭州建德亮出"三色"小康成绩单
2020年1月	省级	《浙江日报》		乡村新图景 田野新希望

第六章

建德市有机食品产业高质量发展建议

第六章
建德市有机食品产业高质量发展建议

世界有机农业已有百年发展史,21世纪以来进入快速发展期,年增长量在10%左右。欧洲是世界有机农业的发起地与最活跃的区域。1992年,欧盟开始制定法规,严格组织有机农业发展,至今已有30年历程。2021年3月,欧盟委员会提出一项"发展有机生产行动计划",要求到2030年有机种植占农业用地的比例达到25%,并大幅增加有机水产养殖。2022年1月1日,新版欧盟有机法规生效,法律制度保障下的欧盟有机农业将得到进一步发展。2019年,世界人均消费有机食品为108元,其中丹麦、瑞士水平最高,为2683元左右,而我国仅为57元,我国有机农业消费市场水平仍较低。近年来,我国有机农业生产规模持续增长,有机产品规模上升为世界第四,有机耕地面积名列前茅。2020年,虽然受疫情影响,但我国获证有机作物种植面积仍较上年增长18.6%,达到243.5万hm^2,发展势头迅猛。

2021年,国家提出全面推进乡村振兴。同年6月,《中共中央 国务院关于支持浙江高质量发展建设共同富裕示范区的意见》发布,支持鼓励浙江先行探索高质量发展建设共同富裕示范区。浙江将承担高质量发展建设共同富裕示范区的重大使命,计划到2025年推动示范区建设取得明显实质性进展;到2035年,高质量发展取得更大成就,基本实现共同富裕,率先探索建设共同富裕美好社会。

党的十九大报告提出了乡村振兴战略的总要求是产业兴旺、生态宜居、乡风文明、治理有效和生活富裕。党的二十大报告指出,要完善分配制度,坚持按劳分配为主体、多种分配方式并存,坚持多劳多得,鼓励勤劳致富,促进机会公平,增加低收入者收入,扩大中等收入群体,规范收入分配秩序,规范财富积累机制。大量的实践与理论研究证明,乡村振兴面临食品安全、粮食安全、乡村社会安全、生态环境安全与国际农业安全五项问题,而全局性有机农业建设就是"一箭五雕",是解决五项农业安全问题的路径之一,是建设全域有机农业是实现共同富裕的重要手段。

建德市有机食品产业起步早、发展快、政府引领作用明显,区域内有机生产企业已达91家,正步入产品提质增优的成熟平稳期。应以有机基地产业化、标准化、示范化、市场化和规模化作为阶段目标,推动市域有机食品产业可持续、高质量发展。当然,在多年产业发展过程中,建德有机农业也存在一些问题,如,普遍劳动力不足,导致生产基地规模无法扩大,产量无法提高;专业有机种植技术较为缺乏,绿色防控难度较大,难以保证有机农产品高质量生产;对于生产经营规模较小的企业、家庭农场、合作社等经营主体来说,每年的有机产品认证、水土检测费用和人工、绿色投入品成本较高等。

推动区域有机食品产业高质量发展是促进农业面源污染防治、保护和改善农业农村生态环境的重要举措,是推进生态文明创建、乡村振兴和共同富裕的重要载体。必须始终坚持农业绿色高质量发展战略,推进农业农村生态环境治理体系和治理能力现代化向纵深发展。

1　建立科学有效的有机产业区域化管理体系

加强顶层设计,建立健全有机产业发展长效机制。强化建德有机食品专项工作领导小组和有机办公室的职能和作用,每年召开年度会议,将绿色有机产业发展纳入政府年度目标工作任务。对照《建德市有机产业发展规划(2016—2025)》的目标要求,制定年度实施方案,完成阶段性发展目标,稳步提高有机生产面积占农业总生产面积比例,加快有机食品基地的生态价值转化,打造"绿水青山就是金山银山"实践创新基地典型案例。加大财政资金投入,加强政策扶持力度,更新完善补贴实施细则,逐步从单一补贴向综合性补贴转变。

促进多方联动,形成大生态产业工作格局。政府积极引导有机绿色产业发展,坚持系统思维、统筹规划,发挥茶叶、石斛、油茶等有机龙头企业在整合资源、创新模式、对接市场等方面的优势,发挥企业创新示范应用、规模和循环示范效应,推动实现区域有机农业的良性发展,健全共享机制。将有机产业发展与生态环境保护规划、农业农村生态环境整治、水污染治理、农田土壤安全利用、生态系统修复工作紧密结合。

加强人才培育,做好技术服务与帮扶对接。成立建德市有机食品产业技术与管理专家组,由杭州市生态环境局建德分局牵头负责,专家组成员来自高校、科研院所、政府部门、企业基地等,涉及农业农村、生态环境、市场监管、生产营销等行业领域,为建德市有机食品产业高质量发展提供技术支撑。设立建德市有机食品产业人才培训班,招募学员,加强培训考试,颁发结业证书,组建本土人才队伍。加强对有机生产企业的调研与交流,定期给予技术支持。设立专项课题,鼓励各单位参与解决生产中的困难和问题。定期举办有机农业生产技术培训,全方位普及宣传有机文化和技术知识。

强化监督管理,打造质量标准示范标杆。市场监管、农业农村、生态环境联动开展有机企业网格化监管,完善"农安建德"智慧监管建设,做实有机产品质量追溯工作。加强有机投入品统一管理,严格市有机肥准入标准。虽然建德有机认证规模数量已达到91家,但家庭农场、合作社等小型经营主体占据了一定的比例,大型企业、龙头企业比例还需要进一步提高。建德要聚焦龙头企业帮扶,引导大型企业积极发展有机农业,对规模以上企业予以重点扶持和培育,建设标准化、规模化的示范基地,打造有机食品生产质量标杆企业,带动小型企业绿色转型。政府在进行产品监管的时候,要重点关注非有机产品进行有机宣传的违法行为,改变只关注有机产品标注类别等问题的情况。

加强品牌建设,提升生态产品市场竞争力。提高建德苞茶、里叶白莲等区域品牌知名度(图6-1)。建立有机产品舆论阵地,加大建德在全国媒体上的展示力度。积极创造条件举办全国性有机论坛、工作现场会、交流会等,提高建德在"有机界"的影响力。充分利用直播、电商、"互联网+"等新兴手段扩大品牌影响力,拓宽销售渠道,定期发布建德有机食品供应信息。由杭州市生态环境局建德分局组织市域有机生产经营主体参加亚洲国际有机产品博览会(BIOFACH CHINA),设立建德市特色展区,提高国际影响力。对积极参加农博会、有机产品展销会、有机产品产销对接会的企业予以一定补贴。企业对有机食品的宣传应该重视其安全、健康的作用,改变以往将口感作为宣传重点的情况。以"有机、绿色、健康"的精品定位全力推进品牌建设,使生态农产品优质优价加快显现。

图 6-1　建德市农产品地理标志产品——"建德苞茶"

2　辐射带动区域农业绿色发展

以点带面,辐射带动区域农业绿色发展。建德市共有 91 家有机生产企业,有机生产规模达到 35 201.21 亩,分布在各个乡镇。要充分发挥有机生产单元的示范带动性,辐射带动周边和所在乡镇实现农业绿色发展,减少化学农药和化肥的使用,推进农业农村生态环境质量持续改善。

打造精品,拓宽生态价值转化路径。推动有机产业的高质量发展以取得较好的生态、经济和社会效益为根本目的,打通绿水青山转化为金山银山的路径,实现生态价值转化,这是以经济手段保护生态环境的实践创新。打造精品有机生产基地,要依托建德草莓、茶叶、杨梅、石斛等特色产品,开发深加工有机产品,融合文化、旅游等产业,借助电商、直播等平台,开拓新型销售渠道,拓宽有机食品"两山"转化路径。

龙头帮扶,实现"企业＋农户"共同富裕。建德部分有机茶生产大型企业,开展有机茶生产时间长,有机生产技术成熟,市场客户稳定,近年来综合效益不断凸显,但面临土地合同到期、土地流转困难、扩大再生产难等问题,而部分村庄由于缺乏有机种植技术和生产经营理念,且个体户、小散户居多,土地产出率低、收入少,甚至存在土地闲置等问题。建议可由市政府相关职能部门、乡镇政府、村集体、农户和龙头企业成立专班小组,由龙头企业与村集体签订有机生产帮扶协议,企业可承包土地,提供技术,由农户按照企业标准生产,再由企业统一收购销售,使得实现企业和农户双赢,实现共同富裕。

树立典型,打造有机食品生产与农村环境保护示范村。将有机食品发展与推动农业农村生态环境质量改善目标相结合,推进农业转型升级,推动优质农产品价值实现,带动所在村域绿色发展,打造葛塘村等一批有机食品生产与农村生态环境保护示范村,实施生物、物理防治病虫害,提高农业废弃物综合利用,提升农业面源污染治理的自觉性和内生动力,实现生态保护、粮食安全和共同富裕共赢。

3 重视有机农业对农田生物多样性保护作用

我国各级政府对有机生产可以保护农田生物多样性等生态环境功能还没有充分重视。建议率先探索制订建德市发展有机食品保护农田生物多样性的专项规划或行动方案,充分发挥有机基地的示范带动作用,推动环境友好型农业发展,持续推进化肥农药减量增效行动,实施农田生态系统建设,保护野生生物的栖息地,提高农业生态系统的整体功能性,保护农田生物多样性。

建立有机食品生产与生物多样性保护试点示范区。由于诸多条件的制约,全面推进有机农业保护农田生物多样性工作尚有难度。以建德市域"国家有机食品生产基地"建设和"有机食品发展与农村生态环境保护示范村建设"为契机,建立一批具有较强辐射效应的有机食品生产与生物多样性保护试点示范区(基地),以点带面,促进农田生物多样性保护工作有效开展。

加强基础研究,提升有机食品基地生物多样性保护水平。建德农田还未开展系统性生物多样性观测与调查评估,有机生产基地生物多样性调查仅在部分基地零星开展。建议在重点地区典型有机基地(如国家有机食品生产基地)每年定期开展生物多样性观测与调查评估,掌握生态系统、物种的本底状况。探索建立生物多样性观测网络,优化生物多样性固定观测样点、样线和样方,监测生物多样性动态变化。在2022年建德市域生物多样性网格化调查工作基础上,可协商增加农田生物多样性调查内容,丰富或补充相应内容,在浙江省内率先创新工作模式。

4 率先开展有机农业碳汇计量及碳中和布局

盘清建德有机种植碳汇本底。推动农业农村碳达峰和碳中和是加快农业农村生态文明建设的重要内容,是全面应对气候变化的重要途径。2022年,农业农村部、国家发改委制定了《农业农村减排固碳实施方案》,推进碳达峰、碳中和,需要发挥农业固碳减排的作用,需要科学盘查低碳潜力。建德市森林面积覆盖率高达76.36%,2021年有机生产面积达35 201.21亩,产量达6 048.56 t,良好的生态和有机农业发展基础潜藏巨大的经济价值和生态价值,盘查建德有机种植碳汇和温室气体排放现状,未来条件成熟时可用于温室气体排放的抵消和交易,对于实现建德农业发展的社会、生态效益叠加具有重要作用。

开展零碳产品认证,给建德产品打上"生态"标签。便于消费者辨别出产地环境优良、生产过程管理良好、生产过程低碳的建德信息。打造全省乃至全国领先的有机种植低碳发展样板,推动参与碳交易和碳金融,为落实我国"双碳战略"提供"建德方案"。

制定《建德市有机生产基地碳汇碳中和补贴制度》。在前期盘查基础上,将碳汇碳中和计量纳入有机生产基地认证补助补贴工作中。结合现有的建德市有机补贴制度,按照种植(养殖)品种、面积(数量)等换算出单位有机生产面积(亩)贡献量,折算成相应的补贴标准,为有机农业高质量发展和农业固碳减排实施工作提供"建德模式"。

5　持续深化有机农业生态系统生产总值核算体系

2022年，建德市先行启动区域有机农业生态系统生产总值核算，初步形成了有机农业生态系统服务功能评价指标体系，对于其他地区借鉴"建德模式"起到了先行示范的作用。2021年，建德市有机农业生态系统生产总值为460 979.00万元，其中文化服务价值为984.47万元，占比仅为0.21%，可能是疫情影响，导致旅游观光人数减少。建议建德市要持续深化开展有机农业生态系统生产总值核算，建立更加科学精准的核算体系和方法。

一是持续开展有机农业GEP核算工作。杭州市生态环境局建德分局要将有机农业GEP核算工作作为年度重点工作任务，作为地区农业绿色发展转型和绿色产业指标量化的突破口和创新点，要逐年逐步加大人力物力的投入力度，以点到面循序渐进开展。

二是建立科学的调研方法和手段。调研和采集样本数要更加全面精准，实现建德市所有有机生产基地所在的乡镇全覆盖，调研有机生产基地种类、位置和数量要具有代表性、典型性；采集的样品数量和基地尽可能多，且设置重复，做到科学精准全面。

三是开展横向和纵向对比分析。充分体现有机农业在生态系统生产总值方面的优越性。设置有机农业与常规农业相邻基地对比分析，并逐年进行核算分析，在横向和纵向方面充分分析比较，总结有机食品产业在赋能生态环境保护、生态价值实现和共同富裕方面贡献的价值。

6　增强有机产业融合发展效应

社会经济发展到一定阶段，人们越来越意识到生态美好、身体健康和食品安全的重要性，消费观念和消费方式也随之改变，给有机产业的发展带来了利好[30]。应当鼓励建设一批有机示范科普基地，在机关单位、学校、工厂、企业宣传有机知识，普及有机文化。开展有机产品进课堂活动，从娃娃抓起，从小树立孩子的生态环保意识、食品健康安全意识,培养积极向上的有机生活理念。在全社会形成一种倡导有机文化,享受节能环保的有机生活氛围。

坚持融合发展、扩大效益,大力发展休闲农业、观光农业,让基地变景点、农产品变旅游商品。挖掘有机产品独特的地域属性、文化内涵和人文精神,积极举办"稻香小镇"开镰节、十里荷花节、建德草莓节、新安江旅游节等活动,打造好有机示范点、有机果蔬乐园,吸引游客购买和消费有机产品。提升茶叶、石斛、西红花、金线莲、杨梅等优势有机产品加工转化率,延长产业链,把有机产业主体留在农村,效益留给农民。扶持有机餐饮业发展,打好建德健康美食牌,重点扶持、打造一批有机主题餐厅和有机农家乐,增强第三产业集聚效应。

建德市有机食品产业发展大事记

2004年,建德市委市政府将有机食品产业发展作为全市重点工作。

2005年,建德市霞雾农业开发中心有机茶籽基地获批"国家有机食品生产基地"称号。

2006年,建德市"绿色新安江"有机农产品展共吸引来自建德市以及淳安、桐庐、龙游、兰溪等周边县市的54家农产品企业参展,规模为历届有机农产品展之最。

2009年,浙江建德市生态有机农产品(上海)新闻推介会在上海市举行。

2011年,建德市赴杭州"中国农产品品牌博览会"举办生态有机农产品推介会。

2011年,建德市生态有机农产品推介会在广州举行。

2011年,建德市委、市政府正式提出创建"国家有机食品生产基地建设示范市"目标。

2011年,建德市发布了《建德市"十二五"有机产业发展规划》。

2012年,建德市积极创建国家有机产品认证示范区。

2015年,建德市成为全国首批九个"国家有机产品认证示范区"之一,创建国家有机食品生产基地5个。

2016年,浙江千岛银珍农业开发有限公司承办的第二届中国·千岛银珍开茶节暨敬友茶会隆重举行,进一步提升了"杭州七宝"之一——千岛银珍有机茶的品牌知名度。

2016年,建德市在上海举办休闲农业与乡村旅游推介会,向上海市民推介乡村旅游服务和生态有机土特产。

2017年,《建德市有机产业发展规划(2016—2025)》正式发布实施。

2017年,建德市政府联合阿里巴巴共同打造的"阿里巴巴·建德农食馆"正式上线,为建德市生态有机优质农产品推广创造了更为广阔的平台,开启了建德市农业电商化发展的新篇章。

2017年,《有机慢生活》主办的《有机中国行》第2季启动,首站在建德开展。

2017年,建德市被列入首批"国家有机食品生产基地建设示范县(试点)",也是浙江省唯一列入创建的单位。市委市政府高度重视,将示范试点市建设工作列入2018年度市领导六大领衔工作之一。

2018年,第十届建德新安江·中国草莓节于杨村桥草莓小镇隆重开幕,"建德草莓"品牌首发仪式同步举行,极大促进建德市生态有机草莓种植业的发展。

2018年,建德市顺利通过国家有机食品生产基地建设示范县(试点)推进技术评估审查,是全国首个通过审查的县级行政区。当年建德市有机产业生产总值达6.64亿元,同比增长268%。

2019年,杭州市建委牵头、华立集团股份有限公司精准帮扶的柳村村有机蔬菜基地正式建立,成为建德市助推村集体经济消薄增收的重点"造血"项目。

2019年,在江西婺源召开的首届全国县域有机产业发展交流会上,建德市作《浙江建德市有机产业发展》的典型发言。

2019年,国家有机食品生产基地建设经验交流会暨现场推进会在建德召开,建德市以排名第一的成绩荣获全国首批、浙江首家"国家有机食品生产基地建设示范市"称号。

2021年,《建德市建章立制,保障有机食品产业稳步发展》被《中国有机食品三十年》收录,并引用为中国有机食品事业发展典型案例。

2021年,建德召开全国有机示范村建设现场研讨会,大同镇以及圣江村、之江村、葛塘村"一镇三村"获得首批有机食品生产与农村生态环境保护示范镇(村)试点称号。

2022年,葛塘村率先出台《钦堂乡葛塘村"有机食品生产与农村生态环境保护示范村"建设总体规划(2021—2025)》。

截至2022年底,建德市有机产品生产、加工获证企业108家,浙江省排名第一,全国排名第六;获有机认证有效证书118张,占浙江省总数的10%,杭州的37%;国家有机食品生产基地8个,有机认证面积37 792.33亩,形成了以茶叶、山茶油、铁皮石斛、香榧、水稻、果蔬等为特色的有机食品产业,生产规模不断扩大,产业水平稳步提升。

建德市有机食品产业发展大事记

建德生态有机农产品(广州)推介会

国家有机食品生产基地建设经验交流会

首届全国县域有机产业发展交流会

全国有机示范村建设现场研讨会

《有机中国行》建德站

葛塘村"有机村"规划专家评审会

结束语

党的二十大报告指出,"中国式现代化是人与自然和谐共生的现代化",要坚持可持续发展,像保护眼睛一样保护自然和生态环境,坚定不移走生产发展、生活富裕、生态良好的文明发展道路,实现中华民族永续发展。

建德市生态环境优良,具有良好的发展有机农业的生态资源条件,而发展有机农业又助力了建德市农业农村生态环境保护。通过发展有机产业,建德市优质生态产品供应能力不断增强,生态环境保护效益不断显现,品牌影响力大幅增强;通过打造全国首个有机食品生产与农村生态环境保护示范村,起草有机食品生产与农村生态环境保护建设相关标准,即《乡村振兴 有机村建设要求》,探索创新有机食品生产与农业农村生态环境保护相融合的发展模式。在"产业生态化、生态产业化"的实践过程中,建德市生态产业价值不断提升,农民收入逐步提高,2021年,建德市有机农业生态系统生产总值达460 979万元。

新发展阶段下,建德市政府将继续树牢"绿水青山就是金山银山"的科学理念,发挥生态资源优势,发展特色产业,探索生态价值转化路径,以持续推动有机农业高质量发展示范带动全市农业绿色发展,实现乡村振兴和共同富裕,扎实推进,久久为功,努力交出一份探索"共同富裕"的建德答卷。

参考文献

[1] 欧阳志云,林亦晴,宋昌素. 生态系统生产总值(GEP)核算研究——以浙江省丽水市为例[J]. 环境与可持续发展,2020,45(6):80-85.

[2] 欧阳志云. 建立生态产品价值核算制度促进深圳人与自然和谐发展[N]. 中国环境报,2020-12-17(3).

[3] UNITED NATIONS,EUROPEAN COMMUNITIES,IMF,et al. System of national accounts(2008)[M]. Beijing:China Statistics Press,2012.

[4] 马国霞,於方,王金南,等. 中国2015年陆地生态系统生产总值核算研究[J]. 中国环境科学,2017,37(4):1474-1482.

[5] 李凡,颜晗冰,吕果,等. 生态产品价值实现机制的前提研究——以南京市高淳区生态系统生产总值(GEP)核算为例[J]. 环境保护,2021,49(12):51-58.

[6] IFOAM. The IFOAM basic standards for organic production and processing version 2005[M]. Bonn:IFOAM,2005.

[7] 吴芸紫,刘章勇,蒋哲,等. 有机农业生态系统服务功能价值评价[J]. 安徽农业科学,2016,44(1):146-148.

[8] 卞慧珺. 建德市有机产品产业发展研究与案例分析[D]. 南京:南京农业大学,2014.

[9] 蔡世珍,张绪良,曹颖慧,等. 青岛市农田生态系统服务价值及变化[J]. 资源与生态学报(英文版),2020,11(5):443-453.

[10] 曹胜,欧阳梦云,周卫军,等. 基于GIS和USLE的宁乡市土壤侵蚀定量评价[J]. 中国农业大学学报,2018,23(12):149-157.

[11] XIN Z Y,XIA J G. Soil erosion calculation in the hydro-fluctuation belt by adding water erosivity factor in the USLE model[J]. Journal of Mountain Science,2020,17(9):2123-2135.

[12] 魏健美,李常斌,武磊,等. 基于USLE的甘南川西北土壤侵蚀研究[J]. 水土保持学报,2021,35(2):31-37,46.

[13] 王万忠,焦菊英. 中国的土壤侵蚀因子定量评价研究[J]. 水土保持通报,1996(5):

1-20.

[14] 曹巍,刘璐璐,吴丹. 三江源区土壤侵蚀变化及驱动因素分析[J]. 草业学报,2018,27(6):10-22.

[15] 刘小丹,赵忠宝,李克国. 河北北戴河区农田生态系统服务功能价值测算研究[J]. 农业资源与环境学报,2017,34(4):390-396.

[16] YAN H M, LIU J Y, CAO M K. Spatial pattern and topographic control of China's agricultural productivity variability[J]. Acta Geographica Sinica, 2007, 62(2):171-180.

[17] YANG Z X, ZHENG D W, WEN H. Studies on service value evaluation of agricultural ecosystem in Beijing region[J]. Journal of Natural Resources, 2005, 20(4):564-571.

[18] LIU L H, YIN C B, QIAN X P. Calculation methods of paddy ecosystem service value and application: A case study of Suzhou City[J]. Progress in Geography, 2015, 34(1):92-99.

[19] 方精云,刘国华,徐嵩龄. 我国森林植被的生物量和净生产量[J]. 生态学报,1996,16(5):497-508.

[20] 曹兴进. 农田生态系统多功能价值评估[D]. 南京:南京农业大学,2011.

[21] 白玛卓嘎,肖燚,欧阳志云,等. 基于生态系统生产总值核算的习水县生态保护成效评估[J]. 生态学报,2020,40(2):499-509.

[22] 陈海坚,黄昭奋,黎瑞波,等. 农业生物多样性的内涵与功能及其保护[J]. 华南热带农业大学学报,2005,11(2):24-27.

[23] 初炳瑶,陈法军,马占鸿. 农业生物多样性控制作物病虫害的方法与原理[J]. 应用昆虫学报,2020,57(1):28-40.

[24] BIRKHOFER K, EKROOS J, CORLETT EB, et al. Winners and losers of organic cereal farming in animal communities across central and northern europe[J]. Biological Conservation, 2014, 175:25-33.

[25] 潘扬,席运官,田伟,等. 基于文献计量的国际有机农业生物多样性研究现状与热点分析[J]. 农业环境科学学报,2020,39(7):1429-1441.

[26] CROWDER D W, NORTHFIELD T D, STRAND M R, et al. Organic agriculture promotes evenness and natural pest control[J]. Nature, 2010, 466(7302):109-112.

［27］MARJA R，HERZON I，VIIK E，et al. Environmentally friendly management as an intermediate strategy between organic and conventional agriculture to support biodiversity[J]. Biological Conservation，2014，178：146-154.

［28］邢树文，朱慧，马瑞君，等. 不同生境条件与管理方式对茶园蜘蛛群落结构及多样性的影响[J]. 生态学报，2017,37(12)：4236-4246.

［29］WITTWER R A，BENDER S F，HARTMAN K，et al. Organic and conservation agriculture promote ecosystem multifunctionality[J]. Science Advances，2021，7(34)：69957006.

［30］生态环境部南京环境科学研究所，生态环境部有机食品发展中心. 中国有机食品三十年[M]. 北京：中国环境出版集团，2022.